■ 酒店餐饮经营管理服务系列教材

CANYIN SHICHANG YINGXIAO

餐饮市场营销

陈 思 编著

北京·旅游教育出版社

酒店餐饮经营管理服务系列教材
编写委员会

主 任 委 员：杨卫武

副主任委员：郝影利　李勇平

委员(以下按姓氏笔画排列)：
　　李双琦　李晓云　刘　敏　陈　思　余　杨
　　龚韻笙　贺学良　黄　崎　曹红蕾

总 序

中国的酒店管理教育已经走过了三十多个年头。三十多年，对于人生而言，可以讲已逾而立之年、已经走入成熟。然而，对酒店管理专业的发展而言，这么短的时间恐怕仅仅只能孕育学科的胚胎、萌芽。所幸的是，这三十多年不同于历史进程中一般的三十多年，这三十多年来，我们一直在探索着前进的方向该如何去定，脚下的路该怎么走。由此，我们的视野得以扩展，我们的信心得以强化，我们的步伐得以加快。

"酒店餐饮经营管理服务系列教材"就是在这样的背景下，步入了人们的视野。三十多年来，中国的酒店管理教育得到了长足的发展，但令人遗憾的是，长期以来，在课堂上讲课时，授课者能够使用的餐饮管理教材，往往以"饭店餐饮管理"的名称，将专业化程度很高的所有餐饮具体业务，在一本教材里"包圆"了。随着餐饮专业化程度越来越细、深度越来越深，一本教材包打天下的局面已经难以为继，我们这套"酒店餐饮经营管理服务系列教材"应运而生。整套教材计划出书共十五本左右，其涉及的面紧扣三大类主题：餐饮知识与技能类教材、餐饮运行与管理类教材、餐饮经营与法规类教材，力求将酒店餐饮方面的主要业务囊括进去。这套教材的层次定位为如下几个方向：高校酒店管理专业本科学生用书、高职高专学生用书、酒店行业员工在岗在职培训用书，同时，本教材也可作为餐旅专业高等教育的专业用书，及高等教育自学考试的教材。

本系列教材作为中国酒店教育餐饮类的细分教材，无疑是一种尝试，难免存在局限性，恳请广大专家、教师同行和其他读者提出宝贵意见，以便通过修订，使之更趋完善。

酒店餐饮经营管理服务系列教材
编写委员会

前言

餐饮营销作为营销学这一新兴学科的研究分支,在餐饮企业经营管理中的重大作用已经开始得到我国广大餐饮经营、从业人士的普遍重视。不少餐饮企业,尤其是大型连锁餐饮企业已经开始运用餐饮企业营销理论指导企业的经营管理工作。为了适应餐饮行业经营者、管理者和普通工作者学习餐饮企业营销理论的需要,本书在介绍餐饮企业营销的性质、特点、管理体制、供求规律等基本原理的基础上,重点阐述了餐饮企业市场营销的环境调查与分析、市场定位和顾客消费行为、目标市场的选择及其策略措施、营销计划及营销组合策略与战术方法的运用,分别介绍了产品策略、品牌策略、主题策略、绿色营销、关系营销、价格策略和促销策略等各种原理和方法的运用。

本书的特点是力求将餐饮企业市场营销的理论、方法、案例相结合,努力做到深度和应用性兼具。本书在理论上注重对营销重点理论的深度剖析,力求深入浅出,满足旅游管理或酒店管理专业对营销理论系统学习的需要;在营销策略选择应用中,方法具体实用,针对餐饮企业在市场中应考量的因素进行深入分析;本书案例突出,多选用近年来餐饮业的经典案例,在拓展学生眼界、增强实践指导的同时更引发学生思考,切实提高教材的实用性和可操作性。

本书是该教材的第一版,因受作者能力、成书时间和资料搜集等因素限制,仍有很多不足,欢迎专家、同行、读者指正批评。

目 录

第一章　餐饮市场营销导论 …………………………………………… 1
- 第一节　餐饮市场营销认知 …………………………………………… 2
- 第二节　餐饮市场营销观念认知 ……………………………………… 6
- 第三节　餐饮企业市场营销观念的树立 ……………………………… 11

第二章　餐饮市场营销的环境分析 …………………………………… 17
- 第一节　餐饮市场营销环境调查 ……………………………………… 18
- 第二节　餐饮市场营销的环境综合分析 ……………………………… 28
- 第三节　餐饮企业市场细分 …………………………………………… 32

第三章　消费者行为分析及其对餐饮企业营销的影响 ……………… 39
- 第一节　餐饮消费者行为分析的内容 ………………………………… 40
- 第二节　消费者购买行为的营销意义 ………………………………… 50
- 第三节　消费者接受新产品的过程 …………………………………… 57

第四章　餐饮企业市场营销战略与营销计划管理 …………………… 62
- 第一节　餐饮市场营销战略 …………………………………………… 63
- 第二节　餐饮企业的市场营销计划 …………………………………… 70
- 第三节　餐饮企业市场营销管理和营销控制 ………………………… 74

第五章　餐饮企业市场营销的产品策略 ……………………………… 85
- 第一节　餐饮企业市场营销的产品构成及其特点 …………………… 86
- 第二节　餐饮企业市场营销的产品生命周期策略 …………………… 92
- 第三节　餐饮企业市场营销的产品开发与创新策略 ………………… 99

第六章　餐饮企业市场营销的价格策略·················· 112
第一节　餐饮企业的价格构成及其管理原则·················· 113
第二节　餐饮市场营销的价格策略运用·················· 120

第七章　餐饮企业其他营销策略认知·················· 128
第一节　餐饮企业市场营销品牌策略·················· 129
第二节　餐饮企业的主题营销策略·················· 134
第三节　餐饮企业的绿色营销策略·················· 138

第八章　餐饮企业促销管理及促销策略·················· 147
第一节　餐饮企业促销管理的工作内容·················· 148
第二节　餐饮企业的公共关系促销策略·················· 153
第三节　餐饮企业广告宣传促销策略·················· 158
第四节　餐饮企业其他促销策略的应用·················· 163

主要参考书目·················· 171

第一章 餐饮市场营销导论

引 言

伴随着餐饮市场的繁荣发展,餐饮营销的重要性越发凸显。学习本章第一节内容有助于学生对营销、餐饮营销定义的掌握,了解餐饮市场营销的特点和重要性;第二节通过对营销理念的发展变化回顾,对传统4Ps、4Cs营销理论的学习有利于学生对营销现今理念和今后营销理论发展方向的理解;第三节主要介绍餐饮市场营销应遵循原则和基本要求等知识,帮助学生树立餐饮企业市场营销的观念。

学习目标

- 理解餐饮市场营销的概念与特点。
- 掌握餐饮市场营销的应用。
- 掌握传统4Ps、4Cs营销理论及其在餐饮营销中的意义。
- 了解餐饮市场营销应遵循的基本原则。
- 了解餐饮市场营销的基本要求。

关键词

营销学、餐饮市场营销、产品差异化、品牌差异化、服务差异化、绿色营销、文化营销、品牌营销、服务营销、4Ps理论、4Cs理论

案例导入

休布雷公司在美国伏特加酒的市场中,属于营销出色的公司。在伏特加酒市场中,其生产的史密诺夫酒的市场占有率达23%。但在20世纪60年代,另一家公司推出一种新型伏特加酒,其质量不比史密诺夫酒差,每瓶价格却比它低1美元。

按照惯例,休布雷公司的面前有3条对策可用:

(1) 降价1美元，以保住市场占有率。

(2) 维持原价，通过增加广告费用和推销支出来与竞争对手竞争。

(3) 维持原价，听任其市场占有率降低。

不难看出，不论采取上述哪种策略，体布雷公司似乎输定了。但是，该公司的市场营销人员经过深思熟虑后，却采取了对方意想不到的第4种策略。那就是，将史密诺夫酒的价格再提高1美元，同时推出一种与竞争对手新伏特加酒价格一样的瑞色加酒和另一种价格更低的波波酒。

这种产品价格策略，一方面提高了史密诺夫酒的地位，另一方面使竞争对手的新产品沦为一种普通的品牌。结果，休布雷不仅渡过了难关，而且利润大增。实际上，休布雷公司的上述3种产品的味道和成本几乎相同，它们只是该公司以不同的价格来销售相同的产品的策略而已。

在上述案例中，休布雷公司应用的营销策略展示了在当今餐饮市场上营销的独特魅力。即使在很多卓越的营销大师眼中，营销仍可被称为一种艺术。一位能从与顾客平时的交流中"听出"顾客需求重点的餐饮营销者，似乎天生就是营销人员。要揭开餐饮营销美丽的面纱，首先要明确何为餐饮市场，何为餐饮营销。

请分析：上面的案例是对哪种营销理论的应用？

第一节 餐饮市场营销认知

一、餐饮市场和餐饮市场营销

（一）餐饮市场的产生

从市场形成的角度入手不难看出，餐饮市场起源于人们外出时对餐饮产品及其服务的需求。如，身处异地的旅游者在游览美景之余，希望可以享用到当地的美食美酒；火车上颠簸赶路的旅客期望一顿物美价廉、热气腾腾的饭菜；夏日炎炎下路上的行人渴望能买到沁人心脾的解暑饮品……在餐饮消费需求的刺激之下，专门从事餐饮经营活动的供给者应运而生。从奢华昂贵的米其林三星餐厅，到便宜简易的街边小吃摊位，从传统的酒楼、酒店餐厅、西餐厅到流行且扩张迅速的快餐连锁、茶餐厅、饮品店，再到新颖的团体供餐机构、网上供餐等，它们使餐饮产品及服务的销售得以实现，也形成了餐饮市场。

（二）餐饮市场营销

中山大学汪纯孝教授在他的书中对营销学的定义做了精辟的总结：营销学所

研究的是一定社会条件下市场的供求规律和产销的依存关系,探求企业生产和销售的最佳形式和最合理的途径,加速商品的交换过程,通过最大限度地满足消费者的物质生活和精神生活的需要,实现企业预期的利润目标和其他目标。

从这一概念中首先可以明确餐饮市场营销可等同于餐饮市场推销,但对餐饮产品及服务的推销只是餐饮市场营销的一个组成部分。

要达到营销的目的,餐饮市场营销应做到以下几点:

1. 餐饮市场营销要从餐饮产品和服务的交换过程出发

为使消费者更好地购买自己所生产的菜品、饮品和服务,营销必须建立在了解消费者如何通过餐饮产品和服务满足其需要和愿望的基础之上。

2. 餐饮市场营销要从餐饮企业自身的经营意图出发

没有哪个餐饮企业可以同时面向所有消费者。我们一般也不会要求一个餐饮企业同时提供法式的鹅肝和北京的豆汁。餐饮企业营销首先要了解企业自身选择迎合哪些市场的偏好和需要,才能进一步制定生产、服务、价格、分销和促销等活动。

3. 餐饮市场营销要从餐饮企业的经营决策过程出发

不同餐饮企业拥有不同的餐饮营销先机和资源。只有了解企业如何将这些机会和资源与消费者需要相结合来达到企业的经营目标,才能为自己的餐饮企业制定可行的市场营销策略。

4. 餐饮市场营销要从餐饮企业的整体活动出发

餐饮市场营销是一门实用经营管理科学。它对餐饮企业的人事管理、经营方针和目标以及其他的一系列管理工作都会产生一定影响。餐饮市场营销要兼顾各部门之间的协调,如认为餐饮市场营销只关乎餐饮企业对产品和服务的设置,那就陷入了一种误区。

综上所述,我们关注的餐饮市场营销是指餐饮企业经营者为获得预期的经济与社会效益,通过迎合用餐消费者的市场需求,探求餐饮企业产品与服务的生产、销售的最佳形式和最合理途径的过程。

二、餐饮市场营销的特点

要迎合用餐消费者的市场需求,必须了解餐饮市场营销的特点。以下列举了餐饮市场营销的几大特点。

(一)营销产品及服务中无形成分比重大的特点

在传统制造业中有形产品是消费者获得基本利益满足的主要途径。农业生产为人们提供粮食果腹充饥,纺织业为人们提供布匹遮体避寒。消费者会期望买了粮食可以送货上门,布匹最好附带设计加工。如果我们把有形产品和消费者希望的服务整合成一个产品,那么有形部分对消费者基本利益的满足才是产品的主要构成,附加的服务仅是为卖出产品所必须提供的助力。

餐饮企业向消费者提供的餐饮产品往往包含了对食材的筛选、搭配、制作、烘焙、酿造、修饰以及辅助的用餐服务和用餐氛围。其中包含了较多的无形成分,并且这些无形成分是不可或缺的。不同的餐饮产品的类别和档次影响餐饮产品和服务中有形部分和无形部分的比例关系。同档次的特色主题餐厅和自助火锅相比,显然前者会有更多的无形产品和服务。越高档的餐饮企业在无形的产品和服务上越会追求卓越。

综上所述,虽然餐饮企业仍以有形的菜肴、设施、装修等作为提供产品和服务的重要部分,但餐饮产品和服务的无形部分是不容忽视的。只有强化餐饮产品的无形特征,才能促使餐饮企业形成自有餐饮产品的内涵与特点,在竞争中拓宽途径,取得理想的市场地位。同时,将产品及服务的无形成分有形化地展示出来,削弱无形成分的难以评估、难以直观刺激消费者的营销弱势,是餐饮营销者面对的一大挑战。

(二) 营销供求关系复杂的特点

餐饮市场营销从餐饮产品及服务的供应者和消费者的关系入手,通过必要的营销方式,促成消费者对产品和服务的购买,以满足餐饮经营者的经营目标。而餐饮经营者的经营规模、档次不尽相同;产品风格、菜系、主题、装饰迥异;供应菜品、服务组合繁多;经营环境、位置和经营目标都各有差异。同时,餐饮消费者的需求更是千人千样,对口味、品种、环境、价位、分量都是各有追求,再加上其用餐组织形式各异、档次需求错落,餐饮消费者需求难以用一种标准有效归类。并且,即使是同一消费者在不同时间、不同环境下的需求也不相同。

餐饮营销供求关系的复杂使得对餐饮市场的调查难度极大提高。餐饮营销人员必须具备较高的总结归纳的能力和悟性,通过难以掌握,又富于变化的餐饮供求关系表象,结合企业设定的经营目标,做好市场细分,选准目标市场,有针对性地制定营销战略,明确营销方针,拿出可行而有效的营销策略。

(三) 营销策略组合多样的特点

营销策略可分为产品策略、价格策略、促销策略、销售渠道策略等。这些策略在餐饮产品及服务的营销中同样适用。此外,还有我们熟悉的忠实客户战略、品牌营销战略、关系营销战略等。每种策略又分为不同的营销手段,如不同的经营者在不同市场定位策略中可选择市场跟随策略、市场挑战策略、市场领先策略。同一企业在不同的产品及服务的不同阶段可使用不同的营销策略,如开发式营销、扭转式营销、回复式营销、抵触式营销等。一个餐饮企业在一段时间内为迎合目标市场需求、达到企业经营目标采取的并非单一营销策略或某一营销手段,往往会同时设计并应用一系列的营销策略组合。

因此,在营销活动开展中,餐饮营销人员要注重结合自身企业优势,灵活地运用营销组合开展营销活动。一个策略的有效运用往往需要其他策略的配合支撑,并且要注意各策略间的配合协调。同时,要明确没有任何营销策略是一劳永逸的。市场供求关系是变化的,本企业的实际情况也是不断变化的,因此,相应的市场营销策略也要不断变化调整。这就要求餐饮企业营销者保持对市场供求关系变化的关注和敏感。

三、餐饮市场营销的应用

伴随着市场经济的发展,餐饮企业的生存只需关注自己的菜品、服务质量提升的时代一去不返。餐饮市场营销成为餐饮企业成功经营的重点所在,并贯穿生产、销售、服务、售后所有过程以及管理经营各环节。

(一)树立以顾客为导向的营销观念

在日趋白热化的餐饮市场竞争中,消费者的个性化需求越来越强烈。不断满足餐饮消费者的个性化需求是当今餐饮企业生存与发展的唯一出路,否则,只能在市场竞争中被淘汰。正因如此,建立客户体验数据库在餐饮企业营销中显得非常重要。通过客户数据库,餐饮企业可以掌握不同顾客的偏好、兴趣和需求动态,为顾客量身定制餐饮产品和服务,站在顾客体验角度,去审视自己的产品和服务,从而真正做到以顾客为导向的设计、制作和销售体验。餐饮企业应注重与顾客之间的沟通,加强对他们心理需求和内心感受的分析,把握他们的体验需求,发掘他们内心的渴望。当商品和服务依据顾客的需求被定制化以后,其价值就得到了提升,提供的餐饮产品和服务与顾客的需求也最为接近。

(二)在战略层面上实施企业营销

餐饮企业的市场营销,是企业各部门通力合作的过程。它强调企业各部门工作人员协调一致地开展工作。餐饮企业应确立企业整体营销的观念,使企业所有部门和员工紧密协作,这样才能保证为每位餐饮消费者创造和传递完美的体验。同时,实施餐饮企业营销要求企业必须改造现有业务流程,以满足顾客体验需求作为企业营销活动的重心。从产品售前、售中到售后,餐饮企业应为消费者提供全方位的体验,不能忽视任何必要环节。为了能够更好地满足顾客的餐饮需求,餐饮企业可在其组织架构中成立专门的机构了解消费者的餐饮需求和需求动态,并针对本企业目标客户的需求,给他们以专业的体验,同时带动整个企业经营效益的提高。

(三)差异化竞争策略的应用

随着餐饮市场个性化消费时代的来临,人们的消费结构不断发生着变化,消费者在消费产品的同时,更加追求个性化。因此,差异化营销越来越受到餐饮企业的重视,并且在餐饮企业营销战略中越发突出。餐饮企业纷纷通过差异化来构筑自己的竞争优势,保持自己的竞争地位。差异化策略包括:

(1)产品差异化。餐饮企业生产的产品,如果能在质量、性能上明显优于同类产品的生产者,就有利于餐饮企业形成独特的市场。在满足餐饮消费者基本需要的情况下,为其提供独特的产品是餐饮企业差异化营销追求的目标。

(2)品牌差异化。通过品牌差异化餐饮企业可以使自己的品牌利用独特的价值或营销拥有市场区隔,从而避免来自其他餐饮企业的正面碰撞或竞争给品牌或管理带来的压力。因为市场上缺乏可比的选择,品牌的差异化已足够引起餐饮消费者的关注与认同,阻碍后来的竞争者。在体验餐饮品牌中得到满足的消费者会产生品牌忠诚,从而建立起稳固的品牌偏好。

(3)服务差异化。餐饮服务是餐饮企业为顾客提供的整体产品中不可分割的一部分,更是餐饮企业直接与餐饮消费者接触、沟通、互动的媒介。餐饮行业向顾客提供的是烹饪菜品、点心制作和助餐服务,在向顾客销售的产品中含有较多的无形成分。服务可以是餐饮企业品牌形象、产品促销、忠实顾客培养的最有效途径。所以,服务差异化是餐饮营销中让服务吸引消费者的眼球,让消费者对服务体验记忆鲜明的重要环节。

(四)注重营销队伍的建立

餐饮企业营销中应注重加强对营销人员的培训,使他们更符合餐饮企业营销的要求,更加有效地开展餐饮产品及服务营销活动。在餐饮企业营销的舞台上,企业营销人员充当重要的角色。企业应注重对营销人员能力和素质的培训,他们应该拥有相关餐饮产品知识,对餐饮企业的产品和服务内容充分了解,掌握对不同消费心理的顾客的销售技能等,从而让消费者全面、准确、专业地了解餐饮企业的产品和服务。

第二节 餐饮市场营销观念认知

案例导入

著名餐饮品牌俏江南的一大特点就是通过创新,将很多时尚化、现代化的元素融合到了传统意义上的川菜中,把普通川菜变成了"精品川菜"。在其菜品的创新与包装上该企业注重用心、别出心裁。俏江南在任何一个新菜品的设计、开发上,都站在如何更好地满足消费者需求这一立场去充分衡量。一道菜的研发,必须考虑到菜品的色、香、味、形、器皿、价格、温度7个因素,经过反复推敲,最后形成一个可以量化的、容易操作的标准流程,然后在各个分店推出。

俏江南有一道菜叫作"江石滚肥牛",这道菜品是厨师在餐厅现场为客人制作,有趣的是还有解说,厨师一边制作一边解说,给进餐的顾客增添了很多乐趣。"石烹豆腐花"也是厨师现场为客人制作。厨师在制作时,先将鲜豆浆倒进玻璃盅,然后让豆浆凝固成豆腐花,整个过程客人都可以看见,让人感觉新奇而有趣。

请分析:案例中俏江南的创新菜品开发中体现了4Ps、4Cs营销理论的哪些要素?

一、由产品推销到综合服务营销的转变

衣食住行是人类最基本的需求,而其中"食"又尤为重要。中国人常说"民以食为天","食"是人们日常生活中的第一需要。从20世纪90年代初开始,中国住宿餐饮业零售额已连续10多年实现两位数增长,自2010年1月起,统计局调整了统计口径,将住宿和餐饮业零售额调整为餐饮收入。2010年全国餐饮收入达17 648亿元,增长18.1%,占社会消费品零售总额的11.24%,餐饮消费持续成为消费品市场的一大亮点。

本书关注的是改革开放后我国现代餐饮市场的营销发展。在短短30多年间,餐饮市场营销经历了企业营销发展所要经历的5个阶段:

(一)生产观点阶段

改革开放初期,人们对餐饮的需求大幅度增加,但当时餐饮产品供不应求。主要表现在,餐饮企业提供的产品及服务品种较少,大多数仅经营中国传统的地方菜系;不同企业产品特色不明显,餐饮企业处于市场主导地位,只要提高生产率,就会经营成功;价格是消费者选择的重要因素。因此,当时的餐饮企业经营理念就是集中资源,努力提高生产力,扩大生产规模,降低成本。

(二)产品观点阶段

到20世纪80年代,随着我国餐饮业的发展,餐饮产品供过于求,饭店仅依靠扩大餐饮生产、提高产品质量已不能达到经营目标。质量、特色成为竞争核心。好的餐饮产品和服务质量、特色鲜明的菜品、舒适卫生的用餐环境受到消费者偏爱。餐饮企业全力以赴改进自家的菜品和服务。

(三)推销观点阶段

由于不同菜单和经营模式的企业迅速增加,饭店业产生了推销理念。这一理念的特点是重视推销技术,强调通过推销增加销售量。但此阶段餐饮企业的整体活动仍围绕自己的餐饮产品和服务,并集合可利用资源生产最优的餐饮产品和服务,再去发现潜在的消费群,大力推销兜售,劝说其购买。

(四)营销观点阶段和社会营销观点阶段

20世纪90年代,我国餐饮产品种类和数量剧增,餐饮产品更新换代的周期不

断缩短,消费者购买力大幅度提高,顾客对各种菜肴、酒水和餐饮服务需求不断变化。顾客的选择面越来越广,餐饮产品的供应量超过了顾客的需求量,饭店之间、餐饮企业之间的竞争不断加剧,此时,顾客占据了主导地位。

一种新的经营思想应运而生——营销观点。根据营销观点,餐饮企业要实现其预定的目标,关键是充分了解目标餐饮市场的需求和愿望,根据顾客需求确定菜肴和酒水的生产和销售,并采取比竞争对手更有效的措施满足消费者。

随着生产者、供应商对消费者需求的越发了解,很多企业发现消费者的消费经历是一个整体,里面同时包含了对多个行业产品的需求。所以很多企业开始打破行业局限,联合其他行业进行共同产品营销,进入了社会营销阶段。现在,餐饮企业承办某个大型活动,如某企业的产品发布会时,不仅只是为了向客户企业销售一顿晚宴,如果购买者需要,餐饮企业还会提供布展、发布会主题设计、发布会设施设备租赁、预约传媒等服务。这些晚宴以外的工作,餐饮企业都可以依靠联合其他企业去完成。

二、传统 4Ps、4Cs 营销理论在餐饮营销中的意义

随着市场营销观念的发展,餐饮市场营销组合也相应发生着变化。近 20 年来,随着人们市场营销观念的更新,传统的 4Ps 市场营销正在接受着 4Cs 市场营销的挑战。

(一)4Ps 与 4Cs 市场营销的含义

4Ps 市场营销是基于 4Ps 市场营销组合的一种市场营销方式。4Ps 市场营销组合是 1960 年美国著名市场营销学家杰罗姆·麦卡锡(E. Jerome McCarthy)提出的,在现代市场营销中得到了包括餐饮企业在内的各类企业的高度重视和广泛应用。

餐饮企业 4Ps 市场营销是由产品(Product)、价格(Price)、渠道(Place)和促销(Promotion)4 个营销要素组合形成的餐饮市场营销方式。由于 4 个要素的首字母均是"P",该市场营销组合及营销方式被称为"4P"。餐饮企业 4Ps 市场营销组合的每个变量又包含了若干分变量:

(1)餐饮产品由餐饮产品实体、助餐服务、食品包装、餐饮品牌等组成。

(2)餐饮价格涉及菜单价格、折扣价格、付款方式、付款期限和信用条件等成分。

(3)餐饮销售渠道涵盖了市场营销通路、市场位置、存货乃至运输等环节。

(4)餐饮促销由餐饮广告、餐饮人员销售、餐饮营业推广、餐饮企业公共关系活动和餐饮直邮推广等组成。

4Cs 市场营销组合理论是美国市场营销学家罗伯特·劳特伯恩(Robert F. Lauterborn)于 20 世纪 90 年代初提出的。餐饮企业的 4Cs 指代的是顾客

(Customer)、成本(Cost)、便利(Convenience)和沟通(Communication)4个对餐饮市场营销有影响的因素组合而形成的市场营销方式。这种餐饮市场营销方式是基于4Ps市场营销组合理论的发展。

(二)4Ps市场营销到4Cs市场营销的转变

传统的4Ps市场营销理论认为企业只要围绕产品、价格、渠道和促销这4个因素制定灵活的市场营销组合策略,产品的销售就有了保证。但是,如今的餐饮市场营销环境发生了很大的变化,餐饮消费个性化、理性化、多样化和人文化特征日益突出,传统的4Ps理论在餐饮市场营销实践中已经显现出一些不足。餐饮市场营销逐渐引入更新的4Cs市场营销理论。

1. 餐饮市场营销组合的概念

餐饮市场营销的成败直接取决于企业运用市场营销组合的能力,即如何通过各种市场营销因素的有效组合使用,来把自己的产品销售给目标顾客。餐饮企业通过对可控制的、与市场营销活动有关的市场营销变量的组合运用,形成与特定目标市场相适应的市场营销方式。餐饮市场营销组合是餐饮企业按照市场营销战略的要求,为在目标市场上实现预期的市场营销目标,所使用的一整套市场营销工具。在不同餐饮市场营销观念下,餐饮企业采用的市场营销组合是不同的,具体有4Ps市场营销组合形式,以及后来产生的4Cs组合,新近又有人提出了4Rs组合。由此可见,随着餐饮活动的不断深化和市场营销观念的不断更新,餐饮市场营销组合也会随之发生变化。

2. 餐饮企业引入4Cs市场营销组合较单一的4Ps市场营销组合的进步

餐饮企业引入4Cs市场营销组合较单一的4Ps市场营销组合的进步体现在以下几个方面:

(1)4Cs市场营销把产品的重要地位让位给了餐饮顾客,认为顾客是餐饮企业一切经营活动的核心。餐饮企业要取得市场营销的成功,对顾客的关心要甚于对产品的关心。

(2)4Ps市场营销的价格是以餐饮产品本身的成本为依据的,而4Cs市场营销将价格的基础延伸为餐饮市场营销全过程的成本。

(3)4Cs市场营销强调餐饮企业提供给顾客便利比选择营销渠道更加重要,便利原则贯穿于餐饮市场营销的全过程。

(4)4Cs市场营销强调餐饮企业与顾客的双向沟通,力图将顾客和餐饮企业的关系建立在共同利益基础之上。通过沟通来协调矛盾,融合感情,培养忠实顾客,而忠实顾客就是餐饮企业最理想的推销者。

三、现代餐饮业发展下新的市场营销理论发展趋势

在经济全球化、信息化、科技化等新的时代背景下,我国餐饮业的市场前景越

来越广阔。但社会发展的新形势也对餐饮业的发展提出了更高的要求,餐饮企业只有面向社会、面向市场、面向广大的消费者,才能获得更可观的利润,获得长远的健康发展。现代餐饮营销中也逐渐出现了下列新趋势:

(一) 绿色营销

餐饮企业绿色营销充分体现环保意识和社会意识,从产品的设计、生产、制造、废弃物的处理方式,直至产品消费过程中制定的有利于环境保护的市场营销组合策略都体现着绿色营销的特色。随着消费者绿色意识的增强,购买绿色产品成为一种时尚,因此,一个关心环保事业的餐饮企业更能与消费者和政府保持良好关系,并且往往会赢得政府的支持和消费者的偏爱。绿色营销有利于促进资源的合理配置,提高资源利用率。绿色营销,有利于餐饮企业占领市场,扩大市场占有率,特别是在国际营销中,绿色产品往往能突破各国的非关税壁垒,成功进入国际市场,同时还能享受一些政策上的优惠。

(二) 文化营销

文化营销是餐饮企业在分析市场和消费者心理的基础上,更多地赋予企业、产品及服务以文化内涵,以增加企业和产品的吸引力,达到增加销售的目的。文化营销是有意识地通过发现、甄别、培养或创造餐饮企业产品和服务的某种核心价值观念来实现企业经营目标的一种营销形式,主要包括以消费者的差异性文化需求为导向的市场营销观念,具有丰富多彩的文化品格的营销策略组合与以文化观念为前提的营销手段和营销服务。随着消费者生活水平的提高,他们在基本生活层面的需求得到越来越大的满足,逐渐开始追求精神层面的东西,这种精神层面的东西就是产品的文化内涵。如何充分利用市场营销过程中各种文化因素的影响增加销售,正在被企业所重视。

(三) 品牌营销

现今餐饮企业不仅要树立创建品牌的意识,更重要的是要加强品牌战略的管理,细心呵护自己的品牌。餐饮企业营销不再只限于一种形式上的产品,重要的在于推销一个品牌、一种形象和一种价值观念。伴随着科学的发展和技术的进步,餐饮企业通过创造产品和产品价值上的领先来保持竞争优势越来越困难,尤其是经济全球化形势的到来,餐饮市场范围不断扩大,竞争愈演愈烈,餐饮企业只有创造知名品牌,加强品牌营销观念,才能占有市场优先权。随着生活水平的不断提高,人们越来越多地追求更高层次的消费,追求个性化消费,单纯的产品功能在购买因素中所占比例越来越少。餐饮品牌可以满足消费者在心理上的追求,这种追求是一种感觉、一种自我价值的体现,一种自身价值和重要性得到认同后的心理满足。

(四) 服务营销

科学技术的进步,使得同类餐饮产品的有形部分的质量差距缩小到了可以忽略不计的程度。消费者越来越重视在产品消费过程中所获得的精神享受,因此,服务产品日益受到消费者的青睐。相对于企业而言,能够增加"让渡价值"的只能是周到、实在、方便的服务。餐饮服务营销是指依靠餐饮产品中的无形服务质量获得顾客的良好评价,以口碑的方式吸引顾客,维护和增进与顾客的关系,从而达到营销的目的。服务营销是现代市场营销的一个新领域,服务是餐饮市场营销的基本范围。

第三节 餐饮企业市场营销观念的树立

案例导入

某餐厅是某商业区唯一一家档次较高的西餐厅。该餐厅对自己的客源经过认真分析后,发现情侣消费者占有较高比率。因此,该餐厅针对情侣的消费特点和要求,提出了以下经营方式和经营策略:

(1)充分利用靠窗口的有隔断的位子和阳台的较独立空间,使餐厅在整体结构的设计和装潢上都符合情侣对就餐环境的要求。前后的隔墙,距离适中,让情侣充分享受二人世界,而阳台的异域风情装饰风格则给情侣们制造足够的情趣。

(2)氛围和气氛的营造。浪漫温馨的就餐气氛,柔和温馨的灯光,轻松浪漫的音乐,以及在适当的时候为情侣们点上几根蜡烛,让他们享受一份烛光晚餐。这些都是吸引顾客的极好方法。

(3)附加特色服务,如对消费满一定金额的情侣赠送一枝红玫瑰等。

请分析:案例中的西餐厅在市场营销中体现了哪些餐饮市场营销的基本要求?

把观念更新引入营销,通过营销活动来传播新的观念将更益于企业的脱胎换骨。事实上,观念营销已成为现代市场营销竞争的利器,并日益成为营销活动的实质和核心。人们愿意光顾麦当劳、肯德基,绝对不只是享受可口的食品,而是在享受一种观念、一种文化。可见,观念在充满竞争的现代市场营销中的价值不可小视。

一、餐饮市场营销应遵循的基本原则

(一)诚实守信的原则

诚实守信是现代餐饮企业最重要的品德标准。在我国传统的经商实践中,诚实守信被奉为至上的律条。它是餐饮企业市场营销活动中把握道德界限的重要基础规则,具体应当包括餐饮产品和服务质量上的不假冒;广告中要诚实相告;价格上明码实价,童叟无欺;交易中履行合同责任,信守承诺,以及市场调查数据真实等许多方面。

（二）义利兼顾的原则

义利兼顾是指餐饮企业在获利的同时，还要考虑是否符合消费者的利益，是否符合社会整体和长远的利益。利是目标，义是要遵守达到这一目标的合理规则，二者应该同时加以重视。

（三）互惠互利的原则

互惠互利是针对餐饮企业营销活动的性质提出的交易中的基本信条。互惠互利原则要求在餐饮企业市场营销行为中，正确地分析、评价自身的利益，评价利益相关者的利益。对自己有利而对利益相关者不利的活动，由于不能得到对方的响应，无法进行下去。而对他人有利，对自己无利的，又使经济活动成为无源之水，无本之木。餐饮企业本身是独立的经济实体，获利应是理所应当的行为，只要不损害他人的利益，有效的经济活动本身就具有伦理性。只有繁荣的餐饮企业，才能生产出有意义的产品和服务，创造新的社会价值。

（四）理性和谐的原则

在餐饮市场营销中，理性就是运用知识手段，科学分析市场环境，准确预测未来市场发展变化状况，不因单纯追求市场占有率而损失利润。营销界非常熟悉的酒品牌营销典型案例"秦池"，不顾自身的生产条件，只为"标王"而付出高昂的代价，最终只能自食恶果。和谐就是提倡餐饮企业的市场营销活动应保持在适度竞争的水平上，过度的竞争不但会导致资源浪费，还会导致不好的结局。在餐饮市场营销中的和谐就是正确处理企业与市场各相关利益者的关系，以和睦相处为基本原则，创造出天时、地利、人和的氛围。

二、餐饮市场营销的基本要求

在餐饮销售的整个过程之中，无论是从对餐饮消费者需求和总体竞争态势的把握上，还是从对销售策略的制定及销售行为的实施上都可以看到餐饮企业市场营销基本原则的身影。

（一）了解餐饮顾客需求

在了解客户需求的过程中，餐饮市场营销的一项重要原则就是需要将客户期望与餐饮产品提供场景结合，提炼出餐饮消费者需求的关键要素，最终完成对餐饮消费者需求的准确定位。

在餐饮产品和服务的销售过程中，或与餐饮消费者的直接交流过程中，营销人员会了解到一些消费者需求的一手信息，这些信息是真实且重要的，但光靠这些信息是不够的。一方面，餐饮消费者在交流过程中，很多信息是通过间接的、委婉的、非直观的方式来表达的，需要营销人员进一步分析处理。如餐饮消费者在餐厅用餐时间偏短，可能是餐厅环境色彩、音乐的原因，也可能是服务流程过快或餐厅嘈杂令人不安的原因;另一方面,同样的信息,在不同的餐饮市场环境下,也会有不同的解读。在高级餐厅中,精致的摆盘器皿设计是餐饮产品必然包含的部分,而对面向大众的普通餐馆来说相同的服务却会被认为是华而不实。想要弥补表面的一手信息和深层次的餐饮消费者需求之间的巨大的鸿沟,就需要将这些一手信息和消费者需求环境相结合。

(二)了解竞争环境

如今的餐饮市场营销的本质早已远远超越了简单的客户服务,而是要在与竞争对手的对垒过程中,充分发挥自身优势。简言之,市场营销就是对竞争的应对。从这个角度看,了解餐饮企业自身所处的竞争态势就成了餐饮营销的重中之重与餐饮企业制定企业销售目标及竞争策略的重要基础。

了解企业自身竞争态势需要从两个方面入手:一方面,了解市场现状,主要包括餐饮企业市场地位与市场份额;企业的产品、技术、特色及服务;市场关系与品牌形象等。通过这些客观的指标来评估竞争对手的实力。另一方面,需要了解竞争对手的销售策略和销售活动,而且要进行长期动态的行为跟踪。了解竞争对手对于餐饮营销的意义体现在以下几个方面:首先,只有深刻分析竞争对手,才能对自身的优势和劣势有比较清晰的认识。其次,只有清醒意识到本企业在竞争环境中的地位,才能够制定合理的收益目标和竞争策略,决定投入的资源,并选择合适的竞争形式。

(三)制定可行的营销目标

在餐饮企业营销中,合理的营销目标是营销成功的重要保证。营销目标应有具体的特点,对餐饮企业的定位、经营模式、管理协调、企业文化等形成切实指导。可行的营销目标一定是可衡量的目标,只有制定清晰的衡量监督标准,才能鞭策餐饮企业不断向有效的目标接近。可行的营销目标既要具有挑战性,同时也应该可以达到;而且应该是不同阶段、不同部门协调相关的总体指导。

(四)可执行的策略及实施

在对餐饮消费者、竞争对手有了深刻的了解并制定了合理的营销目标以后,如何制定竞争策略并成功实施就成为一个餐饮企业的关键因素。餐饮企业往往可以遵循一些市场营销的基本准则来制定策略。首先要确定餐饮企业的竞争地位,根据竞争地位的不同来定位不同的竞争者。在确定自身的竞争地位以后,可以根据具体情况选择相应的竞争策略。对于市场的领导者或者在资源和技术上居于优势的竞争者,企业需要考虑采取防御战。对于市场份额或竞争实力处于相对弱势的竞争者,企业则要考虑采取进攻战,通过进攻从领先者那里抢到更多的市场份额。而对于市场份额或者综合实力处于劣势的竞争者而言,侧翼战成为一种可选的策略形式。

三、餐饮企业市场营销思维的建立

（一）营销观念的建立

餐饮企业在面临现今快速发展且快速变化的餐饮市场时，亟须重视营销理念。营销并非企业中某一部门或某些员工的责任，而是餐饮企业统一的战略体现，是各部门、每个员工的协调统一。从最初的餐饮企业定位、产品服务设计到最终的产品服务销售、售后营销管理各阶段，餐饮企业都应贯彻营销观念，从餐饮消费者的需求角度出发承担在实现营销目标中的责任。

（二）后营销管理的建立

餐饮兴起初期，营销活动具有极强的"征服性"：企图征服竞争者、征服消费者、征服市场，从而维护和推动自身的发展。在餐饮市场规模迅速扩大，市场需求急剧膨胀的时期，花费巨资不断赢得新顾客，以产品和服务的市场份额优势促进餐饮企业经营当然是较为有效的营销策略。但餐饮企业往往实力有限，机制不完善，只有固守已有的市场和消费者，才能保证伺机拓展市场，否则会出现新市场开发不利而老市场又同时丧失的可能。

在未来的市场中，餐饮产品和服务必将层出不穷，市场呈现过度饱和已是普遍现象。为此，营销界提出了"后营销"的概念，即强调维护老客户比争取新客户更重要、更容易、成本更低、效果更佳。后营销活动表现出很强的"维持性"特点。这是企业销售商品和服务后以维持现有顾客为目标应进行的切实有效的营销活动。

（三）终端营销管理的建立

终端营销是把市场做大、做足的有效策略。典型的代表就是可口可乐。只要有需要便可以在附近发现可口可乐的销售点，便是可口可乐在可乐市场中一直占有强大市场份额的杀手锏之一。餐饮市场是个巨大的市场，而终端营销管理就是通过终端营销的专业化管理，促使市场不断规范，销量不断提升。如网络销售为餐饮市场打开了更为广阔的终端市场，也为餐饮企业带来了新的营销契机。往往实体店面终端和网络可以有效结合的，网络终端更为规范化的餐饮企业才是网络销售真正的获益者。

（四）概念营销的建立

所谓餐饮企业概念营销，即餐饮企业在营销活动中运用一种理论上成立甚至优越和先进的"新概念"来突破传统、常规模式的创新性营销。这是一种营销技术，是一种风险性的企业经营术，它的出现是与市场竞争的日趋白热化和全社会的商业化结合在一起的。如保健食品加工领域伴随激烈的竞争，拥有突破性科技的企业往往依靠优势可以快速占领市场。可以预见，未来餐饮市场将是竞争激烈的市场，概念营销当会常用常新。

(五)社会营销的建立

社会营销是餐饮企业传播企业文化、树立良好形象的重要选择。它除了宣传社会观念外,还宣传社会实践,最终目的是改变人们的行为。当今的餐饮企业实行社会营销时主要是通过传播一种新的观念来促成新的消费行为或树立企业良好的形象。可以预见,为了树立与餐饮企业产品相关的新的社会观念,促成销售,同时培育企业的品牌形象和社会效应,餐饮企业将主动承担部分社会责任,以达到社会营销的目的。

 课后练习

一、单选题

1. 既是西方伦理学在道德评价中主张道义与功利相结合思想的体现,同时又与我国传统的义利并重的思想一致的餐饮市场营销应遵循的基本原则是(　　)。

　　A. 诚实守信的原则　　　　　B. 义利兼顾的原则
　　C. 互惠互利的原则　　　　　D. 理性和谐的原则

2. 在营销过程中从产品的设计、生产、制造、废弃物的处理方式,直至产品消费过程中制定的有利于环境保护的市场营销组合策略是(　　)。

　　A. 绿色营销　　　　　　　　B. 文化营销
　　C. 品牌营销　　　　　　　　D. 服务营销

3. 在餐饮营销中要注重餐饮企业本身的产品实体、助餐服务、食品包装、餐饮品牌等内容是4Ps理论中的哪一种?(　　)

　　A. 产品(Product)　　　　　B. 价格(Price)
　　C. 渠道(Place)　　　　　　D. 促销(Promotion)

4. 餐饮企业在差异化竞争策略应用中,可以通过餐饮企业直接与餐饮消费者接触、沟通、互动的途径令企业营销形象与竞争者产生的差异是(　　)。

　　A. 品牌差异　　　　　　　　B. 服务差异
　　C. 产品差异　　　　　　　　D. 文化差异

二、简答题

1. 简述营销的研究内容。
2. 简述餐饮市场营销的发展过程。
3. 对4Ps理论和4Cs理论进行比较。
4. 了解企业自身竞争态势需要从哪两个方面入手?

三、案例分析

为追求"让顾客满意",在北京尚未推行公交IC卡制时,北京的麦当劳分店均代售公交月票,极大地弥补了北京市只有88个月票发售网点的不足,为北京市上百万乘客带来惊喜和便利,同时吸引了大批食客络绎而来。高考前夕,麦当劳面对只要一杯饮料就在餐厅待上好几小时的高考考生,不仅不驱赶,反而特意为他们延长了营业时间。从口号走向行动,"大企业"做"小好事",麦当劳代售月票和关照高考学子的举动是对4Cs营销的很好阐释。

1. 从"4Cs"营销角度来阐释麦当劳的营销创新。
2. 麦当劳的营销创新给企业的营销启示是什么?

第二章 餐饮市场营销的环境分析

引言

通过对本章的学习树立环境观念,了解市场营销环境基本内涵;掌握餐饮市场营销环境的特点和作用;明确餐饮企业市场营销的宏观和微观环境因素;掌握餐饮企业市场营销环境分析和评价的方法及相应对策。SWOT(态势分析法)等市场营销分析是餐饮企业开展市场营销活动的基础工作,有助于餐饮企业通过"STP"营销策划,对餐饮企业进行正确的市场定位。

学习目标

- 了解餐饮企业在营销环境分析中应注意的微观及宏观环境内容。
- 掌握SWOT分析法和STP分析法的理论内容。
- 能独立应用SWOT分析法和STP分析法进行简单的分析。
- 了解市场细分对餐饮企业的重要性。
- 模拟餐饮企业经营者思路,为餐饮企业进行有效的餐饮细分,并选择适合的目标市场选择策略。

关键词

营销环境、微观环境、宏观环境、供应商、营销中间商、愿望竞争者、属类竞争者、产品形式竞争者、品牌竞争者、公众、人口环境、经济环境、自然环境、政治法律环境、科学技术环境、社会文化环境、市场细分、市场目标化、市场定位、无差异营销策略、差异性营销策略、集中性营销策略

第一节 餐饮市场营销环境调查

☞ 案例导入

物美价廉的餐饮团购

在激烈的市场竞争下,餐饮企业开始为普通消费者提供越来越多的体验式消费机会,其中不乏曾被视为社会地位象征的高星级餐饮企业。

2011年3月,某知名团购网与北京某五星级国际连锁品牌餐饮企业开展了团购活动,只需299元就能品尝到餐饮企业原价920元的"春意盎然"意大利双人套餐。团购活动中推出的意大套餐涵盖了:香草三文鱼茴香牛油果沙拉,托斯卡纳白云豆野生菌山羊干酪蔬菜汤,鲜迷迭香帕玛森干酪羊肉酱水管面,红酒汁罗汉豆澳洲菲力牛扒,手工制造提拉米苏蛋糕,沙拉、汤、主食、主菜、甜点一应俱全。其中,提拉米苏是现场制作且外观精美,一看就是出自大厨之手,更容易品味出蛋与糖的润、甜酒的醇和巧克力的馥郁,陪衬以餐厅的绮丽灯光,用餐感觉非常棒。因此,这次团购的巨大卖点除了低廉的价格、高品质的美食外,还有高星级餐饮企业的良好的就餐环境和就餐体验。

数据显示,2010年全国外出就餐人均单次消费金额整体上升,2011年这一趋势还会延续,与此同时,消费者对于用餐质量和配套服务的要求也在提升。随着餐饮企业市场竞争日趋激烈,营销手段日益丰富,"年夜饭""圣诞套餐""情人节套餐"等活动越来越多,团购作为一个新兴事物也被纳入营销活动中,这对于增加餐饮企业餐饮收入、吸引本地消费者和品牌推广都有益处。

(摘自:高星级餐饮企业餐饮团购揽客 http://www.traveldaily.cn/article/49189.html.环球旅讯,2011-03-21)

请分析:上面的团购案例中五星级餐饮企业集团是根据企业所面临的新的市场营销环境,应用了什么相应的营销对策?

一、营销环境的含义

现代营销之父菲利普·科特勒(Philip Kotler)认为:"营销环境由营销以外的那些能够影响与目标顾客建立与维持成功关系且具有营销管理能力的参与者和各种力量所组成。营销环境同时提供机会和威胁。"餐饮企业的营销环境则是指与餐饮企业营销活动有潜在关系的内部和外部因素的集合,这些因素除了能够影响餐饮企业本身营销的主动行为之外,还能够直接或间接影响营销部门建立并保持与目标顾客良好关系的能力的各种因素和力量。餐饮企业面临不断变化的营销环境,为及时应对机遇和威胁,应持续不断地观测并适应环境,作出前瞻性的营销策略应对。

孙子兵法所言:"知己知彼,百战不殆;不知彼而知己,一胜一负;不知彼,不知己,每战必殆。"在竞争激烈的市场环境中,与环境分析相脱离的市场营销只是纸上谈兵、闭门造车,没有任何应用价值。餐饮企业的市场营销活动,是在一定的内外部环境条件下进行的,可以说市场营销环境是餐饮企业市场经营活动的制约条件,并且这些环境因素还处于不断变化之中。因此,分析餐饮企业市场营销环境因素,调查和预测市场前景,是餐饮企业市场营销的基础性工作。不同环境下餐饮企业要面对不同的市场需求、客源状况、竞争对手、原料供应等。只有准确把握市场状况,才能发现自身的发展优势、潜在需求和机会。决策者需要在此基础上,准确把握餐饮企业的宏观与微观营销环境,因势利导地开发消费者需求的产品,主动参与竞争,取得最佳的经营效果。因此,市场营销环境分析有着重要意义。

二、营销环境调查对餐饮企业市场营销的意义

(一)营销环境调查是餐饮企业市场营销活动的立足点

餐饮企业是生产经营活动的基本单位,企业的生产经营活动离不开社会的政治、经济、技术环境。餐饮营销面对的是不断变化的市场环境。改革开放带来的人们收入水平的稳步提升以及旅游、会展、商务的蓬勃发展为餐饮业的持续兴旺提供了庞大的经济基础和广阔的市场空间。目前我国正处于改革开放后餐饮业发展的又一次高峰。

同样,餐饮业也面临着新的挑战。如消费者在温饱满足的前提下,对饮食的健康关注会越来越多,健康无疑将会是消费者在就餐选择时优先考虑的条件之一。有机、绿色、非转基因成为人们更加偏爱的餐饮产品要素。反其道行之的高脂高糖、重调料着色的食品必然在这种趋势下所占份额逐渐减少。而违法使用地沟油、违规添加食品添加剂的餐饮加工必然会被整治、淘汰。

再如素食主义、网上订餐、主题餐厅等,不难看出,每一种潮流的兴起都为餐饮市场的发展带来新的契机。成功且潜力巨大的餐饮企业,往往是那些首先发现市场趋势并快速做出反应的餐饮企业。"顺大势者成大业",成功的企业经营者,都十分重视调查与分析市场营销环境,能动地适应社会经济发展变化的要求,及时调整市场营销战略与策略,使餐饮企业与社会经济相互促进,求得生存与发展壮大。

(二)营销环境调查是发现经营机会,实现和扩大销售的切入点

餐饮企业市场营销环境的变化,集中反映在市场需求与供给的关系上。只有正确分析、掌握环境和市场变化、市场供求关系和竞争态势,才能发现机会,正确选择目标市场,生产适销对路的产品,实现和扩大销售。

在市场营销中,片面将自己的主要竞争对手视为企业所面临的竞争状况的现象被称为"竞争近视症"。这种盲目、片面的竞争环境分析必然会为企业带来巨大的潜在危机。"竞争近视症"的著名案例是柯达胶卷把富士胶卷视为主要竞争对手。实质上,柯达胶卷真正的竞争对手是数码照相机。

在餐饮市场营销中,盲目、片面的市场环境调查同样会为企业带来隐患和危机。还记得改革开放初期的勾兑葡萄酒么?葡萄汁的成分极少,味道较甜,喝过后嘴唇的颜色会变深。即便如此,当时逢年过节、喜庆宴客时,它还是餐桌上的常客。但随着国产干葡萄酒投入市场,人们的葡萄酒消费观念转变,早期的勾兑型葡萄酒几乎已经没有市场。

如何才能在变化多端的竞争市场中保持应变的敏锐感?这就需要对变化信息的全面、准确把握。而全面的经营环境调查分析囊括了对上游供应商、下游购买者需求,现有竞争者、替代品,潜在竞争者现状和变化信息的掌控,这些无疑是餐饮市场营销能够及时预见、应对竞争环境变动的根本依据和出发点。只有认清市场经营环境,才可能发现机会、避开威胁、适时正确决策,做到在竞争中求生存、在变化中谋稳定、在经营中争效益。

(三)营销环境调查是使企业经营决策具有科学依据的保障

餐饮企业营销环境是一个复杂的综合系统,由相互联系、相互影响的一系列因素组成。宏观政法环境对餐饮业的发展至关重要,但往往是餐饮企业个体无法选择的环境因素。政法环境是政治环境和法律环境的总称,指餐饮企业市场营销活动的外部政治形势和法律、法规状况。

国家政治环境对餐饮企业的经营状况的影响是直接的。餐饮企业的一切市场营销活动都必须遵守党和国家的方针、政策和法令,不允许有丝毫的背离。当国家在一定时期内调整或改变某项政策时,餐饮企业要相应地调整经营目标和策略。政治环境因素一旦影响到餐饮企业,就会使餐饮企业发生十分迅速和明显的变化,而这一变化企业是驾驭不了的。所以餐饮企业必须做好充分的宏观政法环境调研。这就要求餐饮企业经营管理人员对政策法令的内容、含义及其对市场营销的影响要有明确的了解。只有全面把握国家的路线、方针和政策变化,分析社会经济发展速度和规模,掌握市场供求变化趋势以及企业内部条件的优势与不足,才能科学地制定餐饮经营决策。

(四)营销环境调查是保持企业营销现代化的有效途径

伴随着餐饮市场的成熟,制造商、批发商、代理商、零售商在市场中的角色扮演越发清晰。餐饮市场已由简单的制造商及零售商的食肆销售向规模化、现代化发展。

制造商,如飞机餐、方便面、速溶饮品、酒生产企业,并不需要直接为顾客提供服务。零售商,如遍布大街小巷的超市、便利店都有餐饮产品的货架、柜台甚至快餐售卖区。伴随着餐饮制造商规模的扩大、市场的延伸,越来越多的批发商、代理商肩负着某餐饮产品中转、集散、品牌推广甚至文化推广的重任。

伴随着互联网、电子商务的发展,在传统的销售渠道外,巨大的网上销售平台不断推展。网上餐饮销售涉及原料销售、成品销售、预订、团购等。同时,与网络销售相伴的电话销售也在不断发展。

面对着这些环境变化,餐饮企业面临一系列新的课题:在餐饮生产到销售的上下游分布中,如何结合优势、准确定位;餐饮单一制造商如何处理与零售商的关系;同一类型的餐饮企业如何抢占终端渠道;面临网络、电话销售的发展何去何从。只有良好的环境调查才能使企业在解决这些问题时有的放矢。

三、环境调查的内容

餐饮企业的经营环境中,对企业市场营销不利的各项因素的总和往往被视为消极环境,对企业市场营销有利的各项因素的总和被视为积极环境。按对餐饮企业营销活动影响时间的长短,可分为长期环境与短期环境。

在餐饮企业市场营销中,往往根据环境与企业关系的紧密情况和可支配程度把营销环境分为微观环境(Micro-environment)和宏观环境(Macro-environment)。微观环境直接影响与制约餐饮企业的营销活动,也称直接营销环境。宏观环境一般以微观环境为媒介去影响和制约餐饮企业的营销活动,很少直接作用于企业的营销活动,也被称作间接营销环境。

(一)微观环境

餐饮企业的微观环境是指与餐饮企业紧密相连,直接影响餐饮企业营销能力的各种参与者,包括企业本身、销售渠道、顾客、竞争者以及社会公众。餐饮企业的营销活动能否成功,除企业本身的因素外,还受这些因素的直接影响。餐饮企业的微观环境对企业的影响是直接的,但不像宏观环境那样完全不可控。

1. 餐饮企业内部因素

餐饮企业的经营理念、管理体制和管理方法、所规定的宗旨与使命、组织机构、营销部门与其他部门的协调、资源等,都会对市场营销活动的成效产生直接影响。因此,一个餐饮企业的营销部门在制定和实施营销目标与计划时,不仅要考虑企业的外部环境力量,还必须注意企业内部环境力量的协调与配合。从生产到研发、采购、人事、厨部、前厅部、财务、最高管理层等,能否与市场营销部门相互协调,共同完成餐饮企业的市场营销任务,实现市场目标,是关系到餐饮市场营销目标能否最终实现的关键。财务部门负责的是市场营销活动所需资金来源并对经营生产进行成本控制,它紧盯的是利润、成本和资金指标,关心的是市场营销活动在资金使用上的控制情况及其对现金流的要求和影响；而研发部门以加工服务技术为出发点，不断开发、创新菜品，追求菜品的色、香、味、形、器的丰富化、特色化；采购部门要保证企业所需的烹饪原材料和其他物资的采购及时、数量准确，并要保证最优的供应渠道，其中价格是它的工作侧重点；厨房生产部门关心的是保质保量地生产各种菜品；这些不同部门的生产经营活动还要争取高层管理部门和其他职能部门的理解和支持。简而言之，对餐饮企业内部环境的分析，更多的是关注市场营销部门与其他部门之间的相互协调问题。对于餐饮企业内部的各方面，都需进行必要的协调，使各部门都能意识到相互的沟通、配合对于满足顾客需求、取得市场营销成功的重要性。

2. 供应商

供应商是向餐饮企业及其竞争者提供生产经营所需各种资源的工商企业或其他组织与个人，提供的资源包括原材料、零配件、设备、能源、劳务、培训及其他用品等。供应商对餐饮企业市场营销的影响力是显而易见的，主要表现在供应商供应的方式、数量、质量、及时性、可靠度都直接影响餐饮企业市场营销计划和市场营销目标的实现。他们所供应的原材料数量和质量将直接影响产品的数量和质量；所提供的资源价格会直接影响产品成本、价格和利润。

3. 营销中间商

餐饮企业的营销中间商主要指协助餐饮企业促销、销售和经销其产品和服务给最终消费者的工商企业或其他组织与个人，常见的有中间商、物流公司、营销服务机构和财务中介机构。

对于大多数社会独立餐饮企业来讲，销售还是以"前店后坊"式的直销为主要形式。大多数餐饮企业很少使用中间商，一般直接面对最终的消费者。餐饮市场中常见的中间商包括餐饮品牌代理中间商，他们在扩大餐饮品牌市场范围、增进餐饮品牌销售能力方面起到极大的推动作用。

物流公司对餐饮企业的主要作用是协助餐饮企业储存并把产品运送至目的地的仓储公司。其基本功能是调节餐饮生产与消费之间的矛盾。如将内蒙古生产的优质乳品分运到全国不同的超市中销售，法国的红酒可以出现在中国人的餐桌上等都依托了现代化的物流运输。再如正在发展壮大的餐饮连锁集团，其必须考虑如何将它的原料和半成品配送到各连锁分店，才有利于控制成本，取得连锁企业具有的规模优势。这也需要企业考虑对物流公司的选择。物流公司弥合产销时空上的背离，使适时、适地和适量地把餐饮商品提供给消费者成为可能。

营销服务机构是指协助餐饮企业选定市场，推广产品，沟通目标顾客，收集、分析和处理所需要的营销信息的广告公司、传播公司、市场营销咨询机构等。越来越多的餐饮企业开始深刻意识到市场营销服务机构的重要性，将投资开业计划建立在严密、翔实的市场调研及评估基础上,利用各类市场营销咨询机构、广告策划公司,全方位地包装企业,树立与企业定位相吻合的个性化、特色化形象。餐饮企业可自设营销服务机构,也可委托外部营销服务机构代理有关业务。

财务中介机构包括银行、信贷公司、保险公司以及其他协助餐饮企业融资或分担各类经营风险的机构。餐饮企业,尤其是不断扩张中的大型连锁餐饮企业常常需要同一家或数家金融服务机构建立联系,以满足现金的保管和融通市场营销活动中所需要的资金。

4. 顾客

微观环境的第四种力量是顾客,顾客是企业服务的对象,即目标市场,也是市场营销活动的出发和归宿点。餐饮企业的一切市场营销活动都应以满足顾客的需要为中心。因此,顾客是企业最重要的环境因素,餐饮企业需要仔细了解自己的顾客市场。餐饮消费者的需求不断地变化着,要求餐饮企业以不同的方式提供相应的产品和服务,从而影响餐饮企业市场营销决策的制定和服务能力的形成。餐饮企业应按照顾客及其购买目的的不同来细分目标市场。餐饮企业以不断更新的产品满足细分市场上顾客不断变化和不断进步的消费需求,进而实现餐饮企业经营的目标。

5. 竞争者

餐饮企业微观环境中的第五种力量是餐饮企业面对的一系列竞争者。每个餐饮企业的产品和服务在市场上都存在数量不等的业内产品竞争者。在餐饮市场营销中我们将竞争者分为四类:

(1)愿望竞争者,专指提供不同产品和服务以满足不同需要的餐饮企业。如咖啡店和火锅店就是典型的愿望竞争者关系。虽然它们看起来联系甚少,竞争也相对间接,一般不被考量,但在人力资源、供应商等方面依然会存在竞争的可能性。

(2)属类竞争者,这些餐饮企业提供不同类产品和服务以满足同一种消费需要。如冲杯速溶咖啡和到咖啡馆喝现磨咖啡,自家厨房做饭和外出就餐。这类竞争者的相互影响通常较温和,属间接竞争,在常规经营中,甚至不考虑这类竞争。但在特定的环境下也可能产生较大的影响,如金融危机的情况下,各种娱乐消费锐减,餐饮企业要面对的是消费者选择在家自己加工食物和饮品的压力。

(3)产品形式竞争者,这些餐饮企业存在满足同一需要的产品的各种形式间的竞争。如中餐、西餐、日本料理、土耳其餐等,这些不同类型的餐饮企业之间的定位存在很大差异,形成了产品形式竞争关系。在同一消费者抉择时,它们之间存在较明显的挤兑关系,但面对整个餐饮消费市场尚属间接竞争者。

(4)品牌竞争者,这类餐饮企业存在同一需要的同种形式产品之间不同品牌的竞争。餐饮企业的市场营销系统总是被一群竞争者包围和影响着,如肯德基与麦当劳、五粮液与茅台、小肥羊与海底捞,这些同类餐饮品牌之间的竞争具体到了各个餐厅的特色、风格及其在消费者心目中的品牌形象影响力之间的竞争。品牌竞争者在竞争分析时被看作是餐饮企业的直接竞争者,餐饮企业应给予高度重视。

餐饮企业的营销活动时刻处于业内各类竞争者的干扰和影响之下。因此,任何餐饮企业在市场竞争中,都要研究如何加强对竞争对手的辨认与抗争,采取适当而高明的战略与策略谋取胜利,不断巩固和扩大市场。

6. 公众

公众是指对一个对餐饮企业实现其营销目的的能力具有实际的或潜在利害关系和影响力的群体。餐饮企业的经营活动无法与广大公众相分离,公众对餐饮企业的态度可能会协助或妨碍企业市场营销活动的正常开展。餐饮企业所面临的公众主要有:

(1)融资公众,指影响餐饮企业融资能力的金融机构,如银行、投资公司、证券经纪公司、保险公司等。餐饮企业为获得与融资公众的良好关系要通过乐观的年度财务报告和报表、稳健的资金运用记录、具有价值的品牌声誉在融资公众中树立良好信誉。

(2)媒介公众,主要是报纸、杂志、广播电台和电视台等大众传播媒体。餐饮企业为获得良好的舆论支持,必须与媒体公众建立友好关系。

(3)政府公众,指负责管理餐饮企业市场营销业务的相关政府机构。餐饮企业的发展战略与营销计划,必须和政府的发展计划、产业政策、法律法规保持一致。在具体的经营行为上更要注意咨询有关产品安全卫生、广告真实性等法律问题。

(4)社团公众,包括保护消费者权益的组织、环保组织及其他群众团体等。在消费者眼中,来自社团公众的批评和意见具有较高公信力,所以餐饮企业应注重与社团公众的关系。

(5)社区公众,指餐饮企业所在地邻近的居民和社区组织。它们对潜在消费者的影响是直接的,往往是口口相传式营销推广的信息提供者。餐饮企业积极支持社区的重大活动,为社区的发展贡献力量,往往可以得到社区居民的理解和支持。

(6)一般公众,指上述各种关系公众之外的社会公众。一般公众不会有组织地对餐饮企业采取行动,往往容易被餐饮企业忽视。但餐饮企业可以通过良好的品牌形象影响他们的惠顾。

(7)内部公众,指餐饮企业自己的内部员工,从最高层管理人员到最基层员工,都属于内部公众。餐饮企业的营销需要全体员工的参与。为有效地让全体员工充分理解、支持和具体执行企业的规划措施,餐饮企业有必要经常向员工介绍企业发展计划、通报有关情况,鼓励员工出谋献策,关心职工福利,创造良好工作氛围,奖惩分明,增强内部凝聚力,有效提升员工的责任感和满意度。餐饮企业良好的内部文化可以提升餐饮企业的营销效果,还会影响外部公众,有利于塑造企业的整体品牌文化。

(二)宏观环境

宏观环境是指能够影响整个微观环境的广泛社会性因素。餐饮企业市场营销中的宏观市场营销环境是对其经营活动发生较大间接影响的社会因素的总和,其一般以微观环境为媒介去影响和制约餐饮企业的市场营销活动,只在特定条件下会直接影响企业的市场营销活动。宏观环境主要包括人口、经济、政治法律、科学技术、社会文化及自然环境等因素。宏观营销环境往往是餐饮企业营销活动造成市场机会和环境威胁的主要社会力量来源。

1. 人口环境

餐饮市场营销针对的是对餐饮产品和服务有购买欲望同时兼有购买能力的人。人是市场的基本构成要素,餐饮营销的受众人口的多少直接影响市场的潜在容量。从影响消费需求的角度,对人口因素可从以下几个角度分析:人口总量、地理分布、年龄结构、家庭结构和人口性别等。

(1)人口总量。人作为市场的基础构成要素,一个国家、地区或区域的人口总量是衡量市场潜在容量的重要指标。餐饮企业对其经营辐射市场范围内和潜在开拓市场的人口总量和可能的总量增减趋势都应有充分的了解。面对可预见的整体会缩小的市场,明智的餐饮企业显然不会盲目扩大自己的经营规模。

(2)地理分布。一方水土养一方人,由于地理环境、气候条件、自然资源、风俗习惯的作用,不同地区的餐饮消费需求的内容和数量存在明显差异,相同地区的餐饮风俗往往会存在趋同。比如,饮食习惯上,中国饮食分布上呈"南甜北咸,南米北面"的特点。不仅如此,地理分布还包括一个区域内人口密度的分布。餐饮企业的选址主要考虑的就是目标客源群分布集中、密度高的区域。对于连锁型餐饮企业,还涉及不同区域的分店数量设置的最大值以及分店与分店之间的保护区域大小问题。

(3)年龄结构。处在相同年龄结构的餐饮消费者,在餐饮营养配备上往往有相似的需求。如老年人餐饮消费者由于肠胃消化功能变缓,往往在餐饮消费中偏重植物性食品消费,肉类消费需求比重减小。人们在不同的年龄段有不同的消费需求、不同的心理、不同的观念和不同的消费能力,表现为差异化的餐饮产品及服务购买行为,并在市场上形成不同的消费者群体。随着社会经济的发展,餐饮消费者的个性化需求越发被餐饮供应者重视,餐饮企业不能只简单地将所有年龄阶段的人群都设定为同一目标顾客,而需要结合年龄结构特征将市场细分,以区分不同的年龄组的需求,并找到市场营销机会进行针对性市场营销。

比如,由于老年人的餐饮消费更为节制,更关注营养和价格,所以薯片、虾片等膨化食品往往不会针对这一目标市场宣传,但高钙乳制品、健康辅助食品等就极易针对这一市场进行产品调整。

(4)家庭结构。家庭是餐饮产品最基本的消费单位。按年龄、婚姻、子女等状况,家庭生命周期可划分为七个阶段:未婚期、新婚期、满巢期一、满巢期二、满巢期三、空巢期、孤独期。不同形态的家庭,对产品会有特定的需求和兴趣,其消费的选择性、倾向性很明显。比如,有小孩和老年人的家庭在外的餐饮消费较少,消费中对餐饮的健康科学性要求尤为突出;而未婚家庭在外的餐饮消费较为随意,频率偏高。

(5)人口性别。性别差异也会给餐饮消费需求带来差异,并且不同性别的购买习惯与购买行为也有差别。如同样是饮酒,由于女性对果香、甜味敏感度与男士的区别,往往女士中偏好白葡萄酒的人数高于男士,但在烈性酒消费中,男士比重往往大于女士。在矿区、林区,男性占较大比重,因此食物中肉食比重往往会上升。

2. 经济环境

如果说人是市场的基本组成要素,那么直接限制市场购买能力的还有经济环境。经济环境一般指影响餐饮企业市场营销方式与规模的经济因素,如消费者收入与支出状况、消费者的储蓄与信贷情况、经济发展状况等。

(1)收入与支出状况

仅仅有消费欲望,而没有消费力,并不能构成市场,二者兼备才对餐饮企业具有现实意义。在研究收入对消费需求的影响时,往往会关心以下概念:人均国内生产总值、个人收入、个人可支配收入、个人可任意支配收入。其中个人可任意支配收入是影响消费需求变化的最活跃的因素。收入在很大程度上影响着消费者支出模式与消费结构。随着消费者收入的变化,支出模式与消费结构也会发生相应变化。

在餐饮营销中,消费者支出模式与消费结构,不仅与收入相关,而且受以下因素影响:家庭生命周期所处的阶段;家庭所在地址与消费品生产、供应状况;城市化水平;商品化水平;劳务社会化水平;食物价格指数与消费品价格指数变动是否一致等。

(2)消费者的储蓄与信贷情况

市场中的消费者的储蓄与信贷情况直接影响、显示、支配消费者的购买能力。储蓄的形式,可以是银行存款、购买债券、手持现金。较高储蓄利率会推迟现实的消费支出,加大潜在的购买力。消费信贷的规模与期限在一定程度上影响着某一时限内现实购买力的大小,也影响着提供信贷的商品的销售量。如购买住宅、汽车及其他昂贵消费品时,消费信贷可提前实现这些商品的销售。

(3) 经济发展状况

餐饮企业的市场营销活动势必要受到一个国家或地区经济发展状况的制约。处在不同经济发展阶段的国家,消费能力和消费结构存在明显差距。发达国家对餐饮奢侈品消费的能力和可能都大于发展中国家。同时,国际、国内经济形势,国家、地区乃至全球的经济繁荣与萧条,对餐饮企业市场营销都有重要的影响。国际或国内经济形势都是复杂多变的,机遇与挑战并存,餐饮企业应认真研究、正确认识与判断,才能制定适当的营销战略和计划。如在经济衰退期,如果餐饮企业资本充裕,可以利用该时期的成本低廉机会整修、扩张、积累,等待经济复苏期的机遇。

3. 自然环境

任何企业的营销活动都要受自然环境的影响,也对自然环境的变化负有责任。餐饮企业营销管理者当前应注意自然环境面临的困境,如资源短缺、环境污染严重、能源成本上升等问题。因此,从长期来看,自然环境的破坏往往是不可弥补的,餐饮企业营销战略中实行生态营销、绿色营销等,都是维护全社会的长期福利所必然要求的。这种与自然环境的和谐发展不仅体现在餐饮产品和服务的加工原料,能源,餐厅的建筑、装潢耗费等方面,更多的是针对环保、绿色的理念营销。

4. 政治法律环境

餐饮企业的经营发展要符合国家的政治法律要求。在餐饮营销中,要对政治环境有一定认知,接受国家的宏观管理,主动了解不同阶段的各项具体方针和政策。随着经济的全球化发展,在餐饮企业经营中会涉及进口限制、外汇控制、劳工限制、国有化等政治法律因素的管理制约。同时,在国内市场中必须严格遵守国家或地方政府颁布的各项相关的法规、法令和条例。

5. 科学技术环境

科技发展不仅直接影响企业内部的生产和经营,还同时与其他环境因素互相作用,给企业营销活动带来有利或不利的影响。例如,一种新技术的应用,可以为餐饮企业创新出一个明星产品,产生巨大的经济效益,也可能迫使一种传统的餐饮产品被企业淘汰。新技术会引起餐饮产品原料、加工技术、包装、运送方式、销售方式的变革,也可能引起企业市场营销策略、经营管理的变化,甚至会改变商业零售业态结构和消费者购物习惯。

6. 社会文化环境

社会文化主要指一个国家、地区的民族特征、价值观念、生活方式、风俗习惯、宗教信仰、伦理道德、教育水平、语言文字等的总和。社会文化环境对所有餐饮营销的参与者都有影响,并且这种影响是多层次、全方位、渗透性的,多半是通过间接的、潜移默化的方式来进行。它不仅影响企业营销组合,而且影响消费心理、消费习惯等。

第二节 餐饮市场营销的环境综合分析

案例导入

大学食堂 SWOT 分析

某大学食堂面对越来越多的餐饮企业(小吃店、外卖、面包房、校外饭店)进驻校园市场的形势,进行了一次意见搜集,特别针对自身情况和其他供餐形式做出了一个比较情况列表。

总结后,同学们认为学校食堂价格便宜,位置优势明显,可以节约时间。但学校食堂的缺点也十分明显:饭菜口味差,品种少,饭菜量少,卫生条件一般;服务人员不足,清理餐碟、打饭不及时,服务态度差;没有社会人士用餐,顾客组成单一;没有电视、空调,夏天仅靠风扇,较闷热,冬天饭菜冷得快。

当下正是暑假,开学后下一届新生即将来临,学校改善住宿条件,寝室中有网络覆盖,也有电话,外卖可以送到寝室楼下。新生短期内需要适应新的大学生活,对周边尚不了解,学院为帮助新生适应大学作息,提升校园学风,预备在开学后暂行一段时间的封校政策;学校也正在治理周边很不卫生、违规摆设的餐饮摊位;整治后,会进一步招商,更多卫生、正规、口味不同的餐饮小店会形成校外小吃一条街。餐饮市场繁荣后,菜市价格上扬,食堂成本上升。

请分析:针对案例中食堂的营销环境,为食堂做一次 SWOT 分析,并给出合理的经营改善措施。

一、餐饮企业市场营销分析

(一)餐饮企业 SWOT 分析

SWOT 分析也称营销环境分析,是指餐饮企业经营者通过对营销环境进行系统的、有目的的诊断分析,以便清楚地明确本餐饮企业的优势(S)、劣势(W)、营销机会(O)和威胁(T),从而确定餐饮企业的营销战略。

餐饮企业的经营管理及其营销活动都受到来自餐饮企业内部和外部众多因素的影响。我们把影响餐饮企业营销活动的内部因素和外部因素所构成的系统,称之为餐饮企业营销环境。把有利于餐饮企业营销活动顺利、有效开展的餐饮企业内部因素,称之为餐饮企业营销的优势(S),如餐饮企业优良的组织机构及现代化经营思想、优秀的餐饮企业文化及雄厚的餐饮企业资源等。反之,把不利于餐饮企业营销活动开展的餐饮企业内部因素,如低劣的员工素质、紊乱的管理制度、不称职的管理人员、低品位的餐饮企业文化等,称之为餐饮企业营销劣势(W)。餐饮企业营销机会(O)是指有利于餐饮企业开拓市场、有效地开展营销活动的餐饮企业外部环境因素,如良好的国家经济政策、高速增长的市场等。反之,不利于餐饮企业开展营销活动的外部环境因素,我们称之为餐饮企业营销威胁(T),如竞争对手越来越多、竞争对手实力增强、经营的目标市场萎缩等。

1. 餐饮企业优势、劣势的诊断

餐饮企业组织机构、餐饮企业文化和餐饮企业资源是判断餐饮企业营销优劣势的三个重要因素。因此,餐饮企业经营管理者通过对这些要素的认真诊断,大致能看出餐饮企业营销的优势和劣势,从而充分发挥本餐饮企业的优势,不断改进本餐饮企业的不足之处,制定出切合实际的营销战略。

餐饮企业是否拥有营销优势,首先要从其组织机构来看。餐饮企业决策层人员的经营管理素质、部门的设置和分工协作、中层管理人员的素质以及基层员工的职业形象等诸多因素是衡量餐饮企业组织机构的具体内容。因此,通过对这些内容的分析、诊断,就可以确定餐饮企业的组织机构是否有利于餐饮企业营销活动顺利而有效地开展。

判断餐饮企业营销优劣势的第二个要素是餐饮企业文化。餐饮企业文化是指全体员工所拥有的职业偏向、信念、期望、价值观及职业化工作习惯的表达形式。它包括餐饮企业的精神面貌,优良传统,良好的声誉,建筑的外貌形象,内部的规章制度、奖惩制度、分配制度,员工职业道德,产品艺术设计和造型等具体内容。通常情况下,优秀的餐饮企业在这些方面都会表现出良好的品位和品质,从而造成文化上的营销优势。

餐饮企业资源是判断餐饮企业营销优劣势的第三个要素。它包括人力、物力、财力、工作时间及管理的经验和技术等内容。一般说来,具有强大营销优势的餐饮企业在这几个方面都具有较雄厚的实力。

2. 餐饮企业营销机会、营销威胁的诊断

餐饮企业外部营销环境总是为餐饮企业经营管理者提供营销机会或造成营销威胁。这是每家餐饮企业都会面临的情况。经营管理者只有善于分析外部环境,捕捉各个重要机会,并同时善于发现各种潜在和现实的挑战,才能使餐饮企业适应外部环境。

3. 餐饮企业外部营销环境包括外部微观环境与外部宏观环境

外部微观环境是指直接影响餐饮企业经营活动的市场环境,它包括消费者、供应商、中间商、餐饮企业竞争者等。外部宏观环境是指间接影响餐饮企业经营活动的综合性大环境,如自然、历史、文化、政治、法律和经济环境等。

通过 SWOT 分析,有助于餐饮企业经营人员选择合适的营销战略。如图 2-1 所示。

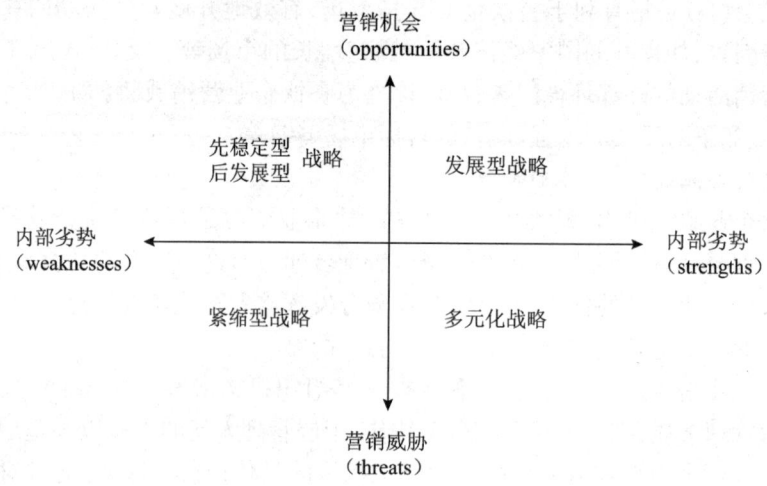

图2-1 SWOT营销战略选择图

4. 市场利基者及其竞争策略

在餐饮企业中，那些专门关注市场上被大餐饮企业或集团忽视的某些细小部分，并将其通过专业化经营在一些小市场上获得最大限度的收益，也就是在大企业的夹缝中求得生存和发展的企业被称为市场利基者。这种有利的市场地位在西方市场营销学中被称为"niche"，常译为"利基"，指对一个企业来说最有利的位置，在这个位置上可获得最大限度的利益。事实上，这种市场地位不仅对于小型企业有意义，对某些大餐饮企业中的较小部门也有意义，它们常设法寻找一个或几个既安全又有利的市场位置。通常具备足够市场潜量和购买力、利润有增长潜力、对主要竞争者不具吸引力、企业有能力占据且能靠自己的信誉对抗主要竞争者等特征，都可视为最有利的市场地位。

(二) STP 分析

在对餐饮企业市场情况分析的基础上，进行市场细分化(Segmenting)、市场目标化(Targeting)和市场定位(Positioning)，即实行"STP"营销，是餐饮企业营销策划的核心，也是决定营销成败的关键。

1. S——市场细分

市场细分，是指依据选定的标准或因素，将一个错综复杂的异质市场划分成若干个需要和要求大致相同的同质市场(即亚市场)，以便能有效地分配有限的资源，展开各种有意义的营销活动。餐饮企业市场细分常见的方法有：地理细分法，即按地理因素划分；人口细分法，即依据顾客年龄、性别、收入、职业等人口统计因素划分；心理行为细分法，即按顾客生活态度、个性、消费习惯、购买时机、寻求利益、使用状况、使用频率、忠诚程度、态度等心理和行为因素划分;餐饮企业消费者细分法,即按用餐目的、用餐规模、用餐形势等因素划分;外出用餐顾客细分法,即按顾客用餐目的、价格敏感程度及餐厅使用方便程度等因素划分。

总之,餐饮企业经营者若能重视市场细分理论且有效地使用各种市场细分方法,将为餐饮企业后续的各种营销活动取得成功打下扎实的根基,成功的可能性将会大大增加。

2. T——市场目标化

市场目标化,是指在市场细分化的基础上,根据企业的资源和目标选择一个或几个亚市场作为本企业的目标市场,这种营销活动称为企业目标营销或市场目标化。

市场细分和市场目标化为餐饮企业带来很多益处。首先,有利于餐饮企业经营者发掘最佳的市场机会。进行市场细分后常会发现既有产品尚未充分满足客人的需求,或找到一些未被竞争对手注意的亚市场,这对知名度不高或竞争实力不强的小型餐饮企业,具有实际意义。其次,有利于按目标市场顾客的需要来指导或改进既有产品或开发产品,使餐饮企业提供的产品更适合客人需要与要求。最后,市场细分及市场目标化有利于针对目标市场制定合理的餐饮企业营销组合,使餐饮企业有限的资源集中用在选定的目标市场上。

3. P——市场定位

餐饮企业进行市场细分并选定其目标市场及其策略后,接着就要对如何进入和占领市场作出决策。若选择的目标市场已有竞争对手,甚至竞争对手已经占据了有利的市场地位,则餐饮企业经营者应首先着手对竞争势态进行分析与判断,并对目标市场顾客选择餐饮企业所重视的标准或追求的利益加以分析与研究。通过竞争势态的分析,餐饮企业经营者要了解现有的竞争者们在市场中处于何种地位,竞争实力怎样,有何独特之处;在分析目标市场顾客追求的利益时,应查明客人选择餐饮企业的明显利益、重要利益及关键利益。在对竞争形势和客人所追求的利益进行分析的基础上,再进行本餐饮企业的市场定位构思。

所谓餐饮企业市场定位,指根据目标市场的竞争形势、餐饮企业本身条件及客人追求的关键利益,确定餐饮企业在目标市场上的竞争地位。具体地说,就是为了使本餐饮企业的产品服务组合在目标市场顾客的心目中形成明确、独特、深受客人喜爱的形象而作出的相应决策和进行的营销活动。

通常情况下,餐饮企业所采用的市场定位因素或依据有很多,诸如餐饮企业的设施、服务、价格、地理位置、安全、装修风格、名气与声誉、优良的习惯与传统、气氛等。这些因素既代表客人关注的利益,又体现餐饮企业的竞争实力的要素。因此,餐饮企业经营者应有选择、有侧重地确定最能体现实力和餐饮企业个性的那些定位要素来开展本餐饮企业或本集团的市场定位活动。

餐饮企业市场定位通常包括三个阶段的工作:第一是明确餐饮企业客人的关键利益和餐饮企业竞争优势;第二是市场形象的策划;第三是有效、准确地向市场传播餐饮企业的市场形象。这三个阶段的工作大致可分为五个具体步骤进行。

(1)明确餐饮企业目标市场客人所关心的关键利益(因素)。市场定位的目的之一是树立餐饮企业明确、独特、深受客人喜爱的形象。为此,经营者必须首先分析研究客人在选择餐饮企业时最关心的因素及客人对现有餐饮企业的看法,这样方能投其所好。

(2)形象的策划和初步构思。经过第一步定位工作,经营者就要研究和确定餐饮企业应以何种形象出现于市场方能获得客人的青睐。值得注意的是,餐饮企业经营者在进行这一步工作时,应站在客人的立场和角度去思考问题,如"该餐饮企业能为我做些什么?""我为什么偏要选这家餐饮企业而不选择别的餐饮企业?"等。

(3)确定餐饮企业与众不同的特色。市场定位的另一个目的是要树立独特、容易让人们记住并传播的形象。事实上,餐饮企业之间在许多方面均可显示出自己的特点或个性,如管理风格、服务、价格、地理位置、建筑特色等。经营者应选择最能体现本餐饮企业个性的特色应用到餐饮企业形象的构思与设计中去。

(4)形象的具体设计。这是指餐饮企业经营者在前三步分析的基础上应用图片、文字、色彩、音乐、口号等手段,将构思好的理性形象具体地创造出来,使它对客人的五官感觉产生作用,让客人容易记住餐饮企业的形象。

(5)形象的传递和宣传。餐饮企业的市场形象一经设计完善,就应立即选定适当的宣传时机和合适的宣传媒介向目标市场客人宣传和传递;否则,即使形象设计得再好也只能是停留在餐饮企业经营者的脑海里。

综上所述,餐饮企业经营者应当明确,STP营销策划是一种能促使经营成功、取得更多市场占有率的好办法,然而其难度也是显而易见的。因此,这就要求经营者具备渊博的市场知识、强烈的竞争意识。

第三节 餐饮企业市场细分

☞ 案例导入

雀巢咖啡进入日本市场

雀巢咖啡打入日本市场之前,该公司曾委托当地的市场调查机构从事一项调查分析工作。调查结果显示,"二战"后出生的年轻一代对咖啡的排斥抵触心理低于年纪较大的人士,男性接受咖啡的程度明显高于女性。针对这种情况,雀巢公司根据不同的消费对象,制定了一系列不同的营销策略,并通过广告传达这些产品信息。

例如,针对日本老年人以茶为主的习惯,雀巢仅是追求降低老年人对咖啡的排斥,并不是要挑战或取代茶在老年人生活中的地位。所以公司极力塑造产品的日本风印象,以日本传统文化糅合咖啡的味道一起展示,说明咖啡也是具有深度的。

而针对重要销售群体的年轻人,雀巢则刻意塑造欢乐的产品氛围,广告中以新潮时髦感和爱情为表现主题,让年轻人体会到雀巢咖啡的超越国界和时代感,并将其视为年轻一代生活中不可缺少的消费品,从而接受它、认同它。

针对成熟稳重、事业有成、有社会地位和经济条件优越的中年人,则用金牌咖啡来吸引,暗示成功的人应与金牌咖啡同在。

雀巢咖啡虽然针对三种不同的消费者,制定了不同的细分化营销策略,但在商品风格的塑造上,却表现了统一的特点,即"高品位的格调,现代人的饮料"。由于雀巢把握了广告的策略和技巧,尽管广告的表现方式有异,却能收到互为补充、相辅相成的效果。

请分析:雀巢对日本市场的细分。雀巢针对每个细分市场的营销策略相同吗?为什么?

一、什么是市场细分

市场细分理论是以消费者需求的"异质性"引起的。市场可以分为"同质市场"和"异质市场"两类。凡消费者对商品的需求、欲望、购买行为和对经营组合策略的反应有一定的一致性,这种产品的市场就是同质市场,如蔬菜市场、食盐市场等,生产和销售此类商品无须进行市场细分。但是,大部分商品市场,由于消费群的需求有较大的差异,就会出现异质市场。在餐饮企业市场上,根据客户的不同偏好,向市场提供不同的产品是营销成功的关键。

餐饮企业为明确经营方向,根据服务对象的需求、购买心理和行为的差异,把异质市场划分为若干个子市场,以便有效地调配资源进行营销的行为叫市场细分(Market Segmentation)。同一细分市场中的个人、团体有着某种或某些共有的特点,其需求之间的差别很细微,而在各个不同的细分市场之间,消费者的需求则呈现出比较显著的区别。

二、市场细分的作用

(1)有利于餐饮企业研究潜在市场需求,发现新的市场机会。通过市场细分,餐饮企业可以有效地分析和了解不同客户群的需求满足程度和市场上的竞争状况,抓住机会制定相宜的营销策略,争取占据市场优势地位。

(2)有利于餐饮企业制定经营策略和调整生产、销售计划。通过市场细分,集中了解了目标市场的需求和愿望,就可以制定不同的经营方案,更好地研究营销因素组合,以适应各细分市场的要求。

(3)有利于餐饮企业提高竞争能力,以较小的投入争取理想的经济效益。确定了目标市场后,餐饮企业可以集中人力、物力、财力,经营适销对路的产品和服务,有的放矢地开展针对性经营。

(4)有利于餐饮企业确定市场覆盖策略,发挥优势,扬长避短。大型的餐饮企业往往提供多种产品与服务,最大限度地吸引客户。小型餐饮企业由于资金、设备和模式的局限,在整体市场或较大的细分市场上无法与大型企业竞争,但它们却可根据自身特点针对大型企业未曾顾及的某些尚未满足的餐饮市场需求,细分出一个小市场,推出合适的产品,从而获得良好的效益。

三、市场细分的要求

一般来说,餐饮企业要发现和选择有利的细分市场,要注意以下几点:

(1)划分细分市场的特性必须是可衡量的。如果餐饮企业市场的某些因素或特征难以识别与度量,那么它们就不能作为细分市场的依据。因此,在确定市场特性时必须考虑其可衡量的特点,从而测定细分市场的规模与购买力。

(2)细分市场的规模必须大到足以使餐饮企业实现它们的利润目标,而且有一定发展潜力。在进行市场细分时,餐饮企业必须考虑到细分市场上客户的数量和购买力。为此,市场细分应该从富有潜力的市场起步,处理好当前利益与长远利益的关系。

(3)细分市场必须是可以达到的。餐饮企业应该有能力通过各种广告手段,把餐饮产品和服务信息传递给细分市场的客户,而且餐饮企业产品和服务能够通过营销活动,被该细分市场的消费者群所购买。如果市场难以达到,餐饮企业产品就难以对消费者有所影响。那么,对这种市场进行细分也就毫无意义。

(4)各个细分市场对餐饮企业市场营销各项组合中任何要素的变动都能作出差异性的反应。如果几个细分市场对一种市场营销组合作出相似的反应,就无须为每个市场制定各自的价格策略,这样的市场细分也是不成功的。对细分的消费者群,应该统筹考虑他们对所有市场营销组合因素的各种反应,这样才可能为所选择的目标市场制定出有效的市场营销组合方案。

四、市场细分的步骤

(1)选择好需要研究的餐饮企业产品的市场范围。需要注意的是,这个市场范围的宽度必须适中,要与餐饮企业的自身能力和营销目标联系在一起。

(2)列出这一市场范围内所有潜在消费者的全部需求,从而选出具体的细分变量作为细分形式的细分单位。在进行这项工作时,要注意删除那些具有普遍意义的因素,选出的细分单位要有独特的代表性。

(3)进行调查设计并组织调查活动。通过对相关的餐饮企业产品购买者,尤其是目标顾客的调查,深入了解各细分市场的需求与购买行为。

(4)分析调查结果并确定各个可能的细分市场的名称、规模、特征。选择细分市场,设计市场营销策略。

五、餐饮企业目标市场选择策略

当餐饮企业选定目标市场后,如何经营好这些目标市场,是餐饮企业市场营销人员需要考虑的一个重要问题。餐饮企业目标市场选择策略是指餐饮企业如何选择自己的目标市场。常用的目标市场选择策略有以下几种:

(一)无差异营销策略

无差异营销策略,是指餐饮企业不进行市场细分,而把整个市场作为自己的经营对象。这种方法在餐饮企业的实际经营中表现为不分主次,凡是客人都接待(图2-2)。

图2-2 无差异营销策略

餐饮企业市场营销人员试图用一种营销组合来应对整个市场,目的是为了集中满足市场消费者的共同需要。这种策略在营销学中称为无差异策略。无差异策略适用于以下几种情况:

第一,同质市场,即市场需求差异小到可以忽略不计的市场。

第二,新产品介绍期。

第三,需求大于供给的卖方市场。

无差异营销策略既有一定优点又有不足之处。优点主要体现在它可以减少餐饮企业的经营成本和营销费用。无差异营销采用单一性的营销组合,产品的组合成本、销售渠道的费用及促销费用都大大降低。不足之处是这种策略忽视了市场需求的差异,可能会导致部分宾客的不满意。另外,这种策略不能适应竞争激烈的市场环境。

(二)差异性营销策略

餐饮企业选择两个或两个以上亚市场作为目标市场,称为差异性营销策略(图2-3)。

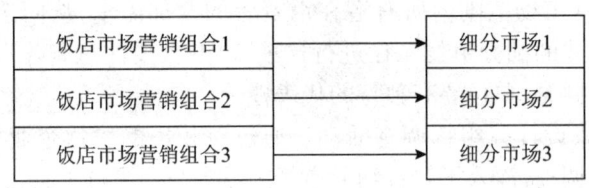

图 2-3 差异性营销策略

餐饮企业选择两个或两个以上的目标市场,并针对不同目标市场采用不同的营销组合,这种经营策略在营销学中称为差异性营销策略。差异性营销策略适用于以下几种情况:

第一,规模大、资源雄厚的餐饮企业或餐饮企业集团。
第二,竞争激烈的市场。
第三,产品成熟阶段。

(三) 集中性营销策略

有时餐饮企业市场营销人员为了避免势单力薄,不愿意将餐饮企业的有限资源分散在许多亚市场上,宁可将资源集中使用于某一个最有潜力且最能适应的亚市场上去,这样可以在自己的目标市场上取得绝对优势或建立强大的形象。

这种使用某种特定的营销组合来满足某个单一目标市场,并将餐饮企业的人力、物力、财力集中于一个目标市场的营销策略被称为集中性营销策略(图 2-4)。

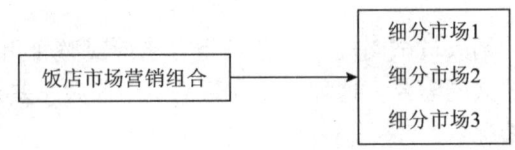

图 2-4 集中性营销策略

集中性营销策略适用于以下几种情况:
第一,掌握资源并不多的中小型餐饮企业。
第二,竞争比较激烈的市场。

集中性营销策略的优点主要体现在以下几个方面:首先,有利于餐饮企业经营项目专门化。其次,有利于餐饮企业提高资源的利用率。最后,有利于餐饮企业在目标市场上打下扎实的基础。这种营销策略的目的是希望能在较小的市场中占领较大的市场份额。由于餐饮企业将资源集中于某一亚市场,因此餐饮企业所冒的风险较大,万一目标市场发生不利的变化,餐饮企业就会面临危险。为此,营销人员在采用这种策略时应特别小心谨慎。

近年来,由于餐饮行业竞争日益激烈,采用差异化营销策略的餐饮企业日趋增多。这就意味着餐饮企业将以多种产品、多种价格、多种销售渠道及多种促销手段来满足不同的目标市场。多个目标市场的选择,能使餐饮企业的收入得以增加,并能减少餐饮企业的经营风险。但伴随着目标市场的增多,餐饮企业的经营费用和营销费用也随之增多,同时也增加了营销人员管理工作的难度。

 课后练习

一、选择题

1. 不同餐饮企业因满足同一需要的产品的各种形式,而在互相之间存在明显挤兑的竞争关系属于(　　)。

　　A. 愿望竞争者　　　　　　B. 属类竞争者
　　C. 产品形式竞争者　　　　D. 品牌竞争者

2. 在餐饮企业所处的微观环境中,保护消费者权益的组织、环保组织及其他群众团体等都属于哪类影响因素?(　　)

　　A. 供应商　　　　　　　　B. 企业内部因素
　　C. 顾客　　　　　　　　　D. 公众

3. 不同地区的餐饮口味、风俗大不相同,所以餐饮机构在宏观环境分析中应关心哪一因素?(　　)

　　A. 人口环境　　　　　　　B. 自然环境
　　C. 经济环境　　　　　　　C. 政治发展环境

4. 餐饮企业经营者依据选定的标准或因素,将一个错综复杂的餐饮企业异质市场划分成若干个需要和要求大致相同的同质市场的行为被称为(　　)。

　　A. 经营环境分析　　　　　B. 市场细分
　　C. 市场目标化　　　　　　D. 市场定位

二、简答题

1. 供应商作为重要的餐饮企业微观分析因素,对餐饮企业的作用体现在哪些方面?
2. STP 分析中,餐饮企业市场定位通常包括哪三个阶段的工作?
3. 良好的餐饮市场细分应满足哪些市场细分的要求?
4. 集中性营销策略适用于哪种类型的餐饮企业进行目标市场选择?

三、案例分析题

老张是一家个体餐馆的老板。刚开始开店的时候,老张看到其他餐馆怎样经营就尽量依葫芦画瓢模仿经营。考虑到自己的资金,老张初期开了一家大众化餐馆。老张的餐馆与别的餐馆相比毫无特色,只求别的餐馆有的,自己餐馆也做,早晨售早点,中午和晚上主营一些大众菜肴。但做了一段时间后,老张的生意却是冷冷清清,怎么也红火不起来。老张不得不打算调整经营,如果请你替老张来重新选择经营方向,你会首先考虑哪些环境因素的影响?

第三章 消费者行为分析及其对餐饮企业营销的影响

引言

餐饮市场营销的目的是赢得消费者,所以了解消费者的消费决策行为种类及消费过程便成为餐饮企业营销的预备过程,之后才能"对症下药"。

通过本章学习,了解餐饮消费决策过程中涉及的不同决策角色和这些决策对餐饮消费的影响。针对不同的餐饮产品,消费者会表现出不同的购买行为,餐饮企业要根据自身产品特点判断消费者的购买行为及其行为特点,并采取适当的营销策略加以引导。其中包括根据消费者决策阶段的不同特点提出开展阶段性营销的合理建议,选择合适的营销策略;根据消费者的接受过程合理营销餐饮企业新产品。

学习目标

- 了解餐饮消费决策中涉及哪些不同的购买角色及不同角色会产生的决策影响。
- 掌握在不同商品选购时餐饮消费者购买行为的类型。
- 掌握餐饮消费者的需求并分析涉及的内容。
- 明确消费者的消费不同阶段。
- 针对不同购买阶段选择适当营销活动和策略。
- 根据消费者接受新产品过程设计新产品推出策略。

关键词

倡议者、影响者、决策者、购买者、使用者、复杂性购买行为、习惯性购买行为、协调性购买行为、多样性购买行为、动机、产品试用、品牌忠诚、最早采用者、早期采用者、中期采用者、晚期采用者

第一节 餐饮消费者行为分析的内容

案例导入

随着人们生活水平的逐步提高和对生活品质的进一步追求,不少年轻人,尤其是80后的年轻人,会采取很多"现代化"措施进行食补养生。伴随着这一风尚,针对新妈妈需要饮食调理的市场需求,一个新的特殊餐饮市场诞生了——月子餐市场。近年来,不少商家进入"月子餐"市场,月子餐经营者通过电子商务以及实体店形式出现在市场上,月子餐市场扩大迅速。

这一新兴餐饮市场也蕴含着诱人的良好收益和巨大潜力。现今网络上可见的月子餐的价格可以从1000多元到10 000多元不等,相差十倍。在月子餐门户网站中,不难发现不少套餐开价至少五六千元,有些近万元的月子餐饮不过是一些汤包、茶包、芝麻油和米酒等,但因配备相应的科学进补理论、养生设计菜单、专业加工烹饪和相应的便捷化服务便身价倍涨。而市场中的主要月子餐品牌的形象代言人多是著名的"辣妈"明星,宣传内在健康与外在健美的并重,迎合的便是消费的主力军——80后新妈妈健康美丽并重的消费心理。月子餐产品和服务集中出现在东南沿海的较发达地区,销售渠道现以电子商务为主,实体专卖店较少,其主要原因是购买月子餐的人群主要是收入相对可观、习惯网购的80后白领。

请分析:案例中体现了哪些影响餐饮消费者决策的因素?月子餐迎合的是消费者哪方面的需求?

一、购买者的识别

(一) 购买者角色

在餐饮企业营销中,餐饮企业必须识别购买者,并想方设法影响他们的购买决策。有些购买行为相对简单,只有一个人参与。但在餐饮消费中,更多的是群体购买行为。例如以家庭为单位的外出用餐,决策单位很可能由家庭中的长辈构成。

所以餐饮企业有必要了解哪些人参与了决策，以及这些人在购买决策中所起的作用。

营销学中所说的购买参与者指的是那些对某一购买决策施加过直接影响的人。根据他们在购买行为中所起到的不同作用，可分为五类：

(1) 倡议者：首先提出或者有意购买某一产品或者服务的人，是决策的提出者。

(2) 影响者：指他的看法或者建议会对最终购买决策具有一定影响的人，一般充当决策参考信息提供者。

(3) 决策者：是指对部分购买和全部购买做出决策的人，决策者决定是否购买、如何买、哪里买等。

(4) 购买者：购买决策的执行者。

(5) 使用者：使用或消费购买决策产生的产品和服务的人。

例如，餐厅销售的情人节晚宴，其购买决策过程中，往往由男士扮演购买决策的倡议者；而同行女伴往往会对用餐类别、口味、餐厅提出意见，成为决策的影响者；用餐情侣则是决策者；依照不同习惯 AA 制分摊餐费或一方支付账单，形成不同的购买者组成；同时用餐情侣也是餐饮消费的使用者。

(二) 餐饮消费者购买行为类型

餐饮消费者的购买行为会因其购买餐饮产品和服务或餐饮品牌的不同而存在很大差异，比如快餐与高星级餐厅的购买行为就有很大的不同。餐饮消费者在选择时还会因先前餐饮消费经验、个人兴趣、风险感知、情境和自信心不同而存在差异。

营销学根据欲购买的产品的不同和消费者在购物时的参与程度不同，将消费者购买行为分为四种类型。这四种类型在分析餐饮消费者行为时依然适用。

1. 复杂性购买行为

复杂性购买行为是指消费者在购买价格高昂、购买频率低、不熟悉的餐饮产品和服务时，会投入很大精力和时间对购买对象进行了解分析。如缺乏相应类似消费经验的消费者准备去新开的米其林三星级餐厅用餐或打算购买初次尝试的高档食材、饮品时，由于餐饮消费者的耗费较高，并且不知道产品或服务的类型，不知晓其相应性能，也不了解其品牌之间的差异，缺少购买、鉴别和使用这类餐饮产品或服务的经验和知识，这就需要消费者花费大量的时间收集信息，学习相关知识，认真的比较、鉴别和挑选。

2. 习惯性购买行为

习惯性购买行为往往发生在购买价格低廉、品牌间差异小的餐饮产品和服务时。由于支付成本较低，餐饮消费者的介入程度会很低，同时，由于品牌差异不鲜明，消费者对市场主导品牌早已形成共识并且会形成习惯购买，如可乐、方便面、酸奶这类易耗又与生活质量无太大关联的商品。对于类似的餐饮产品和服务,消费者考量其价值时不会对品牌信息进行广泛研究,也没有对品牌特点进行评价,对决定购买什么品牌也不重视,往往在不多的主导品牌中进行选择。因为在传媒发达的现代社会,餐饮消费者在看电视或阅读印刷品广告时已经被动地接受了相关信息。消费者之所以选择某一餐饮品牌,并不是对该品牌形成鲜明的态度,而是源于对其的熟悉感。某一产品购买之后,由于消费者对此类餐饮产品和服务的感受无所谓好坏,其他品牌也不会带来特别区别或惊喜,也就不会对餐饮消费体会进行购后评价或改变自己习惯的品牌。

3. 协调性购买行为

协调性购买行为是指餐饮消费者在购买产品时的介入程度并不高,特别是由于某一商品购买后的体验较容易对消费者造成影响,所以容易产生后悔、遗憾的餐饮消费行为。餐饮消费者会通过主观判断设法避免这种不协调感。比如有些餐饮产品和服务价格高但是各品牌之间并不存在显著差异,消费者在购买时由于广告宣传造成潜在的熟悉感,不会广泛收集产品信息,也不投入很大精力去挑选品牌,购买过程容易快速简单。但是餐饮消费者在购买以后,很容易认为自己所买产品具有某些缺陷或觉得其他同类产品有更多的优点而产生失望感,怀疑原先购买决策的正确性。如庆典餐饮产品和服务的购买就属于协调性购买行为。市场上相同价位的餐饮产品和服务组合质量差异不大,但选择却很多,消费者只能依靠主观判断进行选择,在一定价格下为了某项选择优势就要放弃其他部分的优势,没有最优组合。这也容易造成协调性购买行为。

4. 多样性购买行为

多样性购买行为是指餐饮消费者在购买某些价格不高但各品牌间差异显著的产品时,由于品牌差异带来的新奇变换和低成本,容易产生很大的随意性,频繁更换品牌的行为。比如饼干这样的产品,品种繁多、各品牌间差异大、价格便宜,消费者在购买前不作充分评价,就决定购买,待到入口时再作评价。但是在下次购买时又转换其他品牌。转换的原因可能是厌倦原口味或想试试新口味,但通常是寻求产品的多样性而不一定有不满意之处。

二、餐饮消费者需求分析

餐饮购买是餐饮企业存在的根本原因,因此,要搞好餐饮企业的营销工作,必须理解餐饮消费者的购买行为,并对影响其决策的各个因素进行详细而具体的分析。餐饮企业要赢利,关键点是要把握餐饮消费者的消费需求。既然我们的服务对象是餐饮消费者,就要想办法使其需求得到满足,并在满足其需求的同时获得企业目标利润。但不同的餐饮消费者的需求往往不同,对消费者的需求知之甚少或者根本不了解,不掌握客人的需求的人是无法做好餐饮企业营销的。因此,餐饮企业要赢得消费者,就要学会了解消费者的不同需求。

要在激烈的市场竞争中获得发展,就要深入研究消费者心理,与餐饮消费者建立并保持良好的关系。餐饮企业要了解消费者内在的需求,为消费者提供贴心的服务,使消费者成为餐厅的忠实餐饮消费者。餐饮消费者的需求往往涉及以下四个方面:

(一)对餐饮产品的功能需求

这一需求是餐饮消费者对餐饮企业的最起码的要求,因此,餐饮企业需要充分利用餐厅的有限资源尽可能地满足消费者的不同要求。在现今繁荣的餐饮市场中,不同风味、菜系、价位的餐饮产品和服务在市场中都有餐饮企业在提供。并且很多餐饮机构在提供舒适、明亮的用餐大厅的同时会设置多间景致典雅的包间,各包间还会分别以各种主题布置,房内设施充分融合个性、美观与舒适,让宾客得到最大的功能享受。这种针对不同需求类别、层次的餐饮产品和服务的设计和提供就是在应对餐饮消费者需求中最基础的功能需求。

(二)餐饮消费者的价格需求

每一个餐饮消费者都在努力通过价格比较、消费经验等手段寻求物有所值的餐饮消费体验,餐饮企业要让餐饮消费者产生"物超所值"的感受,就必须研究餐饮消费者愿意付出的成本,并以此为依据,推出符合餐饮消费者需求的产品和服务,利用餐饮消费者愿意付出的最大成本来尽量地增加餐饮企业的收益。另外,发展一个新餐饮消费者比保留一个老餐饮消费者难度更大。从餐饮消费者的角度讲,他们更愿意选择自己熟悉的,并且各方面都比较满意的餐饮企业去消费,因为这样能够避免他们重新选择时所面临的风险、时间成本及精神压力。因此,在价格相对差距不足以影响消费者改变选择的情况之下,针对餐饮消费者的价格需求,餐饮企业应通过稳定的产品和服务质量,不断以更新的产品和更周到的服务来培养自己的忠实顾客。在相同目标市场、同类产品和服务的替代型餐饮企业竞争中,则应调动企业自身资源优势、提升生产技术、尽量降低生产成本,以为消费者提供更加低廉的价格来赢得市场占有率。

(三)餐饮消费者的关怀需求

餐饮消费的特殊性在于服务是餐饮产品的无形化组成部分。因此餐饮企业应给全体员工树立全面质量管理的思想和氛围。要了解餐饮消费者的需求,餐饮企业必须站在消费者的角度,人性化感知消费者用餐中的关怀需求,提供有针对性的、恰当的用餐辅助服务,以便赢得餐饮消费者的心,使之成为餐饮企业的忠实消费者。例如:点菜的时候服务人员可以主动提醒餐饮消费者避免点不利于自身健康的菜肴,积极向他们推荐对他们身体有益的菜肴;提供露天餐饮空间的企业要想到应对露天用餐环境温度调节的问题,如遮阳伞、御风的屏障、为客人提供披肩等。只有具有人性化关怀的餐饮服务才能真正迎合餐饮消费者的关怀需求。在面对不可避免的餐饮服务差错时,也应该首先通过提供关怀的问询、致歉来补救。

(四)餐饮消费者的外延需求

餐饮消费者的外延需求包括心理需求、附加利益和服务,例如被尊敬的心理满足、文化猎奇上的满足、售后补偿服务的满足等。随着餐饮消费的体验消费时代的到来,餐饮消费者的个性化越发明显,心理需求越来越强烈,在享受服务的过程中更希望获得心理上的满足。这就需要餐饮企业推出个性化服务、针对性服务、感性化服务、超前服务等。除了满足餐饮消费者的心理需求外,还应发掘餐饮消费者不自知的需求,让就餐消费的客人感觉被吸引,认定此处是理想的消费之所。研究餐饮消费者的需求应贯穿于餐饮经营活动的始终,只有了解消费者的需要,餐饮企业才能提供让餐饮消费者满意的服务。

三、影响餐饮消费者决策的主要因素

(一)社会文化因素

1. 文化和亚文化

文化是指特定社会中经过学习获得的,真实且潜在地影响消费者行为的基本信念和认知,它是消费者的信念、价值观和习惯的总和。亚文化则是指某一文化群体所属次级群体的成员共有的独特信念、价值观和生活习惯。如,素食主义并非我国的主流饮食文化,但伴随健康绿色饮食亚文化的发展,这一饮食群体不断壮大,已成为餐饮企业营销中不可忽视的饮食分支。了解特定的文化和亚文化因素及其对消费者行为的影响,有利于营销人员了解消费购买行为形成的原因,提高对消费者购买决策的分析和判断水平。

2. 社会阶层

社会阶层是指特定社会中所划分的具有相对的同质性且稳定的按等级排列的群体。每个社会阶层内的成员往往具有类似的价值观、兴趣爱好和行为方式。如,现在快速进军白领午餐市场的团体共餐企业,其之所以能快速从其他餐饮经营模式中赢得市场,主要是因为这种供餐方式更好地迎合了白领阶层午休时间有限、对性价比敏感等特点。由于处于不同社会阶层的消费者的经济状况、价值观念、生活方式和消费特征等有所不同,因而对餐饮企业的商品、商标、传播方式等都有各自不同的偏好,从而导致不同的餐饮消费需要和购买行为。

3. 参照群体

参照群体是指那些直接或间接被作为评价衡量参考基准的人群。参照群体又

可以分为直接参照群体和间接参照群体。直接参照群体又称成员群体,即参照的群体与评估对象属于同一群体或与之存在直接关系。由于关系的紧密,直接参照群体的认识标准往往会与餐饮消费者存在共识,所以其对餐饮企业的评价、评论往往易被消费者采纳。直接参照群体又分为首要群体和次要群体两种。首要群体一般都是非官方组织形式,却又与消费者经常直接接触的群体,如家庭成员、亲戚朋友、同事和邻居等。首要群体对餐饮消费者的宣传效力较高,如某著名酒店曾使用过的著名宣传语便是"如果您不满请告诉我,如果满意请告诉朋友"。次要群体一般都是较为官方组织的群体,但对其成员影响并不经常,如工作单位、职业协会等。间接参照群体是指与评估对象不属于同一社会群体的参照对象。间接参照群体又分为向往群体和厌恶群体。向往群体是指消费者推崇的群体或希望加入的集团,也称"仰慕团体"。人们经常羡慕某些人或团体,虽然自己目前还不能进入这些团体,但希望有一天能成为其中一员。有些餐饮消费者选择某餐饮企业是由于该企业是其向往群体的偏好选择。厌恶群体是指消费者反感或厌恶的群体,或期望远离的群体。例如金碧辉煌、流光溢彩的用餐氛围很难被追求优雅氛围的消费群体所选择或接受。

4. 家庭

家庭是社会的基本组织单位,对人们的影响最深远、最持久。一个餐饮消费者的价值观、习惯、爱好多半都是在家庭熏陶下形成的。所以餐饮企业应重视家庭对消费者的购买决策和购买行为的显著影响。家庭消费群体忠实度一般较高。很多餐饮企业在经营氛围上定位为温馨舒适,菜单也兼顾不同年龄层需求,以此来迎合家庭消费群体。一般家庭往往都有偏好的餐厅,聚会时在无其他提议的情况下,为节约再次选择的时间、精力成本,一般都会选择固定的餐厅。一旦这种家庭消费群体成为了企业的忠实顾客,往往会对家庭成员的用餐习惯、用餐口味、服务标准、偏好风格产生深远影响。当然,影响程度会因国家或地区不同,家庭规模、结构以及户主性别不同,购买的餐饮产品的不同而有所不同。如同样在上海,一个素食家庭和一个普通家庭因用餐习惯不同,可选择用餐的餐饮企业范围、数量上区别很大。这也造成素食家庭一旦找到合适的用餐企业后成为忠实客户的可能性远远高于普通家庭。

(二)经济因素

影响餐饮消费者行为的经济因素主要有餐饮产品和服务的价格、消费者收入和经济环境因素等。

1. 餐饮产品和服务价格

餐饮产品和服务的价格是影响餐饮消费者购买行为中最关键、最直接的因素,这种对价格高低的判断主要来自以下三个方面。

(1) 餐饮产品和服务本身的价格

一般来说,某餐饮产品和服务本身的价格越高,消费者对它的需求和购买便会减少;反之,价格越低需求和购买越多。但事实上却非如此简单。某些餐饮产品和服务由于需求弹性等因素的影响,价格变化所带来的购买者购买行为的变化会有很大的不同。如需求弹性小的餐饮产品和服务价格变化大,消费者的购买行为却变化很小。典型的如米饭、馒头这类主食类餐饮产品,其主要满足餐饮消费者果腹的需求,价格变动往往不会对人们对它的需求造成太大影响,价格高时消费者也要满足基本的需要,价格低时消费者同样也很难产生更多消费。而弹性大的餐饮产品和服务,消费者的购买行为会随着价格的涨跌而变化,如同样是西瓜,夏季和冬季的销售量存在极大差异。

(2) 消费者的预期价格

消费者在一定时期对特定的餐饮产品和服务的价格有着一种预期心理,即心理价格定位。如春节期间白酒的行情预期看涨,消费者现时可能会扩大购买;如果预期价格下降,消费者现时可能会减少购买。所以在餐饮市场中也可以看到便宜时不买,贵时抢购的情况,这是消费者对餐饮产品和服务价格的心理预期在"作怪"。

(3) 相关的其他餐饮产品和服务价格

具有替代性的餐饮产品和服务之间会在供给时互相抵消。例如,即使苹果价格不变,如果梨子的价格下降了,消费者对苹果的购买也会减少。就是因为这两种水果在满足人们的食用欲望和功能上存在很大的替代性。具有辅助性的餐饮产品和服务之间会在供给时互相影响。如油条降价可能会拉动豆浆的销售,咖啡降价可能带动蛋糕的消费。

以上三个价格因素共同作用于餐饮消费者,影响其对购买行为的判断。因而餐饮企业也应对这三者的变动有所预期,适时调整餐饮定价,这样才能更好地扩大企业经济效益。如春节的年夜饭预订,定价既要考虑到消费者对年夜饭的预期价格以及年节原料、人工价格变动后的产品和服务本身价格,还要考虑到竞争者相应的替代竞争品价格。

2. 消费者收入

收入决定消费者购买行为的能力。对餐饮市场来说,购买能力是判断一种产品能否形成市场的三要素之一。不同的收入水平决定消费者对餐饮产品和服务需求的不同层次和倾向。收入是餐饮消费者的消费限制,所以在市场中并不是所有的消费者都是餐饮企业营销的对象,餐饮消费者具备对餐饮产品和服务的购买愿望后,还必须拥有一定的购买能力及一定的收入才对餐饮企业具有现实意义。在餐饮企业细分市场时,该市场的需求特点和购买能力同时应被餐饮企业所重视。

3. 经济环境

在考量影响餐饮消费者行为的经济因素时,不可忽视的还有大的宏观经济环境。在市场繁荣、通货稳定的情况之下,餐饮消费者的购买选择多样,购买心态上不会过于保守,甚至在良好的经济环境预期下会进行提前购买。相反,对经济环境的态势持悲观态度时,餐饮消费者会更加谨慎地进行理智购买。例如很多餐厅推出会员制消费,入会的方式是预存一部分金额在会员卡中,在今后消费使用时可获得优惠。消费者作为理智的购买者会清晰地认识到这是将自己部分流动资金的短期使用权益过渡给餐饮企业来换取折扣回报的行为。如果对经济环境的预期较差,消费者甚至怀疑餐饮企业的经营前景时,就不可能购买会员资格;而经济环境良好时,消费者可能预估自己并不会在短期内利用这较少的资金产生收益,而更愿通过会员资格购买换得适当折扣。

(三) 心理因素

心理因素的影响涉及餐饮消费者购买活动的各个方面和购买全过程。这里主要分析影响餐饮消费者购买行为的动机、知觉、学习、信念和态度等心理因素。

1. 动机

心理学中的动机是指引起个体活动,维持已引起的活动,并促使活动朝向某一目标进行的内部动力。餐饮购买动机是一种升华到产生足够强度的对餐饮产品和服务的需要,它能够及时引导人们去探求满足餐饮需要的目标餐饮企业,以及餐饮产品和服务。餐饮购买动机是产生餐饮购买行为的直接原因,研究消费者的行为必须研究其动机。

关于人类的需要和动机的研究,被最为广泛接受的是亚伯林罕·马斯洛(Abraham H. Maslow)提出的需要五层次理论。该理论认为人的需要是以金字塔形的层次形式出现的(图3-1):

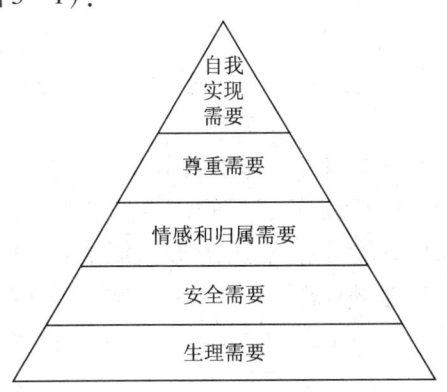

图3-1 马斯洛的需要层次模型

（1）生理需要，人们对于为了生存而不可缺少的吃、喝、睡眠、取暖、生病恢复等方面的需要；

（2）安全需要，人们对于人身、财产安全、社会秩序等方面的需要；

（3）情感和归属需要，人们希望被群体接受从而有所归属和获得爱的需要；

（4）尊重需要，人们对于实现自尊和赢得他人好评、尊重的需要；

（5）自我实现需要，人们对于充分发挥个人才能，实现理想和抱负，获得成就的需要。

需要的满足从低到高依次递进上行，待低层次的需要基本满足之后，才会产生高一层次的需要。马斯洛需要动机理论能帮助我们理解餐饮消费者的本质购买动机。餐饮消费是马斯洛需要理论的较低层次需要。这决定了餐饮产品消费最基础的作用是解决消费者的饥饿困扰，并在用餐时可以处于安全的环境。所以，在餐饮企业追求奢华装修之前更应该重视防火设施和卫生状况，这是餐饮消费者对餐饮企业的最基本要求。从马斯洛需要理论的第三和第四层次来看，餐饮企业不能只是一个餐饮产品和服务的消费场所，同时还应具备社交场所的属性。我国餐饮文化中的祭祀礼仪文化以及餐桌文化、茶酒文化中很多内容都体现了餐饮消费中的社交属性。餐饮消费者通过餐桌上的轻松氛围可以更容易被期望进入的群体接受。有些餐饮消费已不再是传统意义上的用餐及享受服务，有时更是消费者身份的彰显，是消费者赢得尊重的途径。

2. 感觉和知觉

消费者对外部世界的认识从感觉开始，他们通过感觉器官感觉到的外部刺激来获知刺激的个别属性，如商品的颜色、大小、形状、气味等。随着感觉的深入，各种感觉到的信息在大脑中被联系起来进行分析结合，使人形成对刺激物或情境的整体反映，就是知觉。在餐饮消费中消费者通过视觉、味觉、嗅觉甚至听觉和触觉，获得较全面感觉体验的综合体验。但并非所有的感觉都会被消费者清晰地意识到，餐饮消费者的知觉具有选择性特性，表现为以下几个方面：

（1）选择性注意

一位餐饮消费者不可能对用餐过程中的所有信息都加以注意，其中多数信息会被忽略，只有少数信息能脱颖而出，被消费者留意到。也就是说，餐饮消费者只注意那些与自己主观需要有较紧密关系的事物和期望的事物。如红色背景的餐厅会令消费者加快用餐的速度，偏蓝的灯光会令消费者觉得清凉，但红色的背景、蓝色的灯光未必会引起消费者的注意，很可能只是被消费者感觉后形成知觉。

（2）选择性理解

有时餐饮消费者即便注意到刺激物，也不一定都能如实反映客观事物。消费者会对自己注意到的刺激物进行情感加工，按照自己的偏见或先入为主来曲解客观事物。如看到菜单上标为"时价"便认为价格一定较高;看到"秘制""私房"便认为是针对顾客个人的定制加工。

(3)选择性记忆

人脑在获取信息的过程中,具有忽视、遗忘功能,因而餐饮消费者不可能记住所有他们注意到的信息。他们会倾向于在记忆过程中,记住那些符合或能够支持其观点和信念的信息。为了被消费者"记住",而且是记住企业的优点,餐饮企业必须了解来本企业用餐主体顾客群的期望、观点、信念,迎合、引导他们的记忆选择。

餐饮企业重视消费者知觉的选择性特点,使自己的产品和服务或品牌及标志被消费者注意、理解并记住是餐饮企业营销的重要任务。

3. 学习

学习是指人们在社会实践中不断积累经验,获得知识和技能的过程。餐饮消费者在购买和消费餐饮产品和服务的实践中逐步获得购买知识,积累购买经验,并会根据自身经验调整今后的购买行为。餐饮消费者在餐饮市场繁多的品牌、风格、定位中寻觅适合自己需求的产品及服务。什么才是适合自己的,什么才是合理的价位,都要通过学习来定位,并进一步修订。由于在餐饮消费中这种学习的途径并非只有亲身经历一种,餐饮企业在引导消费者关注和选择时可以主动为消费者提供学习机会和材料。有的餐饮企业通过第三方网站介绍企业产品和服务、用餐环境、价格定位、顾客评价等,目的就是提供给餐饮消费者学习的机会和材料。

4. 信念与态度

信念是消费者秉持的对某种观点的坚信,这种观点会切实支配其行动的个性倾向。如餐饮消费者相信某知名餐饮企业的食品卫生与食品健康,那在购买该品牌产品和服务时往往就不再会耗费大量精力辨别其卫生、健康与否。餐饮企业营销应关注本企业在消费者头脑中对其产品或服务所持有的信念,即本企业产品和品牌的形象。

态度是指消费者基于过去经验对其周围的人、事、物持有的比较持久而一致的心理准备状态或人格倾向。例如,一次不愉快的餐饮消费经历可能会造成消费者对餐饮企业的否定态度,进而不再会选择该企业的产品和服务,甚至会通过口口相传的形式对企业造成负面影响。

(四)个人因素

购买者的决策也会受到其外在特征的影响,特别是受其年龄及家庭所处的生命周期阶段、职业、个性特征、生活方式以及自我观念的影响。

1. 年龄及家庭生命周期阶段

不同年龄的餐饮消费者对餐饮口味、营养、风格的需求不同,购买餐饮产品和服务时的需求也会不同。同样,餐饮消费者的消费需求和购买行为也明显受到其家庭生命周期的影响。如现在网络上风靡的餐饮团购,吸引的消费人群年龄结构都较年轻;家庭中有老人或儿童的用餐群体更偏好温馨、安静、轻松的用餐环境,选择食物时口味会偏好清淡,更注重营养搭配和易消化等因素。

2. 职业

个人的消费形态会受其职业的影响。蓝领工作者由于体力耗费较大,应在餐饮中注重能量的补充,特别是夏季还要注意盐分的补充。而白领工作者长期在电脑前工作,运动较少,为了身体健康要注意控制食物中热量的摄取。

3. 个性特征

消费者的个性特征具体表现在一个人的气质、性格、能力和兴趣方面。如外向与内向、乐观与悲观、柔顺与刚毅、活泼与文静、占有欲强与弱、防卫性高与低及自信心高与低。餐饮消费者千差万别的餐饮消费和服务购买行为往往是以他们各具特色的个性心理特征为基础的。一般来说,气质、性格影响、决定着消费者行为活动的方式,能力标志着消费者行为活动的水平。如今,特色餐厅、主题餐厅与传统餐厅的同时发展,正是体现了餐饮消费者的个性需求。如让人惊叹的厕所餐厅,座位、餐具、餐桌、装饰处处可见马桶形状,甚至将菜品做成大便的形状,这种前卫的风格虽然并非所有餐饮消费者都可以接受,但对于猎奇心理较强的消费者来说,它确实具有相当的吸引力。

4. 生活方式

生活方式是个人行为、兴趣、思想方面所表现出的生活模式。相对个性而言,用生活方式作为餐饮细分变量进行市场细分和目标消费者选择更易于操作和衡量。如以学生群体为细分市场的餐饮企业可以根据学生一般无独立的经济收入,同时要遵守严格的课业时间作息的共性生活方式,来定位学生群体用餐时间固定且集中、消费中价格敏感性高、追求经济实惠的餐饮需求。

5. 自我观念

自我观念也称自我认知,是消费者个体对自身一切的知觉、了解和感受的总和,简单地说就是自己认为自己是怎样的一个人。自我观念有较高的稳定性,虽然也有可能发生变化,但这种变化很缓慢。餐饮消费者根据对自己身份的认识产生了一系列餐饮消费习惯。如注重身体保健的餐饮消费者愿意为有机食材、天然矿泉水、绿色原料支付更高的价格;自我定位具有开创性的人会更愿意尝试新的餐厅和菜品。

第二节 消费者购买行为的营销意义

> 案例导入

鮟鱇鱼的销售

鮟鱇鱼分布于北太平洋西部,我国沿海亦有出产,主要产于东海北部、黄海及渤海。但作为餐桌上的佳肴,逐渐被一些较发达城市的高端餐饮企业纳入菜单乃是近几年的事情。其市场潜力仍未得到良好开发。

鮟鱇鱼进入市场最大的问题就是它独特的长相不大讨人喜欢:龇牙咧嘴,眼睛朝天;身体粗壮而尾巴短小,口大如盆;皮肤凹凸不平,布满棘刺;全身棱棱角角,异常粗糙。真有些三分像鱼,七分像鬼,所以有人把它叫作"海鬼鱼"。这一长相显然对消费者的心理接受能力是一大挑战。

鮟鱇鱼肝以味道鲜美著称,被称为"深海鹅肝",是一种高级滋补品,尤其是冬季吃鮟鱇鱼火锅还可以抵御严寒。鮟鱇鱼肝大部用于加工后出售,其加工方法主要有冰鲜、冻煮和罐头。

同时,鮟鱇鱼全身都可以食用,而且脂肪含量低、热量少,更富含丰富的维生素A、D和E。据说鮟鱇鱼还可以治疗咳嗽,故又称"老头鱼"。

请分析:结合案例中给出的信息和餐饮消费者的购买过程,分析在鮟鱇鱼市场营销中应采取哪些营销策略来推进潜在消费者对它的认知。

一、购买过程的五个阶段

餐饮消费者不可能在真空里作出自己的购买决策,他们的购买决策很大程度上受到文化、社会、个人和心理因素的影响。餐饮消费者在购买过程中主要经历五个阶段:问题认识、信息收集、可供选择方案评估、购买决策和购买后行为。餐饮企业通过了解买主如何经历问题认识、信息收集、可供选择方案评价、购买决策和购买后行为,就能发现存在的问题,并且获得许多线索;通过了解购买过程的各种参与者并领会其对购买行为的主要影响,就能为目标市场设计有效的营销计划。如图3-2所示,消费者的购买过程早在实际购买发生前便开始了,并且其影响将持续至购买结束后的一段时间。因此,餐饮营销人员应该将注意力集中于购买的全过程,而不是仅限于应对购买决策这一个割裂的环节。

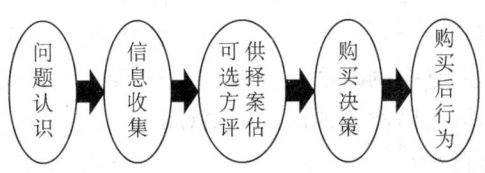

图3-2 购买过程的五个阶段

(一)问题认识

餐饮购买过程从消费者对某餐饮产品产生好奇或需要的认识时便开始了。无论内在还是外在的刺激因素都可能引起这种需求,即无论是消费者本身的口腹之欲还是其接受了餐饮企业对其产品和服务的营销信息都可能驱动消费者对餐饮产品及服务进行购买。餐饮营销人员需要识别引起餐饮消费者某种餐饮需要和兴趣的环境，了解餐饮消费者会产生哪些不同类型的需求，探索如何刺激能促进这种需求的产生以及怎样引导这种需求与特定餐饮产品和服务间的关联。

（二）信息收集

一位被唤起餐饮需求的餐饮消费者将会去主动寻求更多的相关信息。如果信息与消费者需求的品位、风格、价位等因素相切合，便会产生驱使消费者做出购买决策的较强力量。如果可让其满足的餐饮产品及服务就在近处或很方便获得，那么消费者很可能会购买该餐饮产品和服务。反之，这种信息相关的餐饮需要就会被餐饮消费者忽略或保留在记忆之中，待有类似需求产生时再进一步收集有关信息。

一般来说，餐饮消费者从针对性地解决问题这种购买决策转向广泛地信息搜集上时，他们收集信息活动的复杂性和工作量就会相应增加。餐饮企业对消费者获得各种需要的主要信息的来源以及每种信息对今后的购买决策的相对影响是感兴趣的。餐饮消费者信息来源可分为四种：首先是个人来源，包括家庭、朋友、同事、熟人等，这种信息的传播方式多为口口相传，消费者对这类信息一般信任度较高，易被采纳；其次是商业来源，包括餐饮企业的广告、推销员推销、餐饮经销商、产品包装、产品展览等，这类信息宣传性强，传播形式多样化，餐饮企业会尽量突出自身的特点和优势，专业性较强，辨识度较高，宣传的强度和频率会直接影响宣传效果；第三是公共来源，包括大众传播媒体的相关报道，这类宣传会被消费者认为源于第三方评价，所以客观性较高；最后是经验来源，包括消费者审视、观察和体验餐饮产品和服务的经验等，由于是消费者亲自搜集的第一手资料，所以消费者坚信自己的亲身体验，而且影响较直接，持续时间较长。当然以上这些信息来源对消费者的影响，还会随着产品的类别和购买者特征而变化。

一方面，就某一餐饮产品和服务而言，消费者从商业来源中获得的信息最多，这也是餐饮企业营销能够控制的信息来源。另一方面，最有效、影响强度和时效最长的信息来自经验来源。因此餐饮营销应该对消费者使用的信息来源仔细加以识别，并对其重要性进行评价。

（三）可供选择方案评估

我们知道，消费者是运用收集到的信息进行最后选择的。对于餐饮企业来说，关键问题在于了解消费者怎样在众多可供选择的餐饮产品和服务中进行选择，明确如何能有效引导消费者选择本企业的餐饮产品和服务。

1. 产品属性方面

餐饮消费者会将某一产品看成有一组产品属性的集合载体，如很多人想到肯德基便想到,快捷、卫生、方便获得、价格不昂贵。但消费者的需求侧重点受到个人因素的主观影响,有些人对价格敏感,而有些人更注重餐饮产品的口感,所以对有关属性的价值认定又不尽相同。他们会密切注意能够满足其需要的产品属性。针对这种不同,餐饮企业会将餐饮消费市场根据不同消费群感兴趣的产品属性加以细分,选择营销的目标细分市场,并针对自身提供产品和服务的能力,迎合目标市场的需求来建构自身产品属性结构。如迎合高端消费者的米其林三星餐厅,其目标市场往往价格敏感度较低,而更加注重餐饮产品的口味、风格、精美程度。因此,米其林三星餐厅在设计自身产品属性时如何控制成本就不应该是首要解决的问题,而更应把精力和资源聚焦于产品的创新和开发上。

2. 产品寓意方面

评价某一餐饮产品时,人们还会想到该产品和服务的寓意,这一寓意可能来自该产品商业广告的反复宣传,或者是餐饮消费过程中必须体会到的经历,因此消费者把这些鲜明寓意放在评价餐饮产品和服务的重要的位置上。餐饮消费者受主观影响很可能对有关寓意赋予不同的重要性权数,如年节餐饮消费者会把幸福团圆寓意的权数激增,并依此将食品分类为适合选用和不适合选用。喜庆、吉利、幸福寓意的餐饮产品更易获得总体好评。在一系列非重要寓意中,有些可能已经被消费者遗忘;有些被消费者感知后忽略了,一旦被提及,消费者就会认识到它的重要性。

(四)购买决策

在这一购买阶段,餐饮消费者的行为会呈现出以下四个方面的特点:

1. 目的性

餐饮消费者进行决策,就是要促进一个或若干个餐饮消费目标的实现,这本身就带有鲜明的目的性。在决策过程中,要围绕目标餐饮企业或相关餐饮产品和服务的需求进行评估、选择、购买执行,实现餐饮购买活动的目的性。

2. 过程性

餐饮消费者的购买决策是指消费者在内、外部因素的刺激下,产生对餐饮的相关需求,及对餐饮产品和服务的购买动机,并在其多个预想购买方案中进行对比选择,最后实施自认最优的预想购买方案。消费者的购后经验会影响其下一次的餐饮消费购买决策,从而在餐饮消费决策上形成一个螺旋上升式的循环过程。

3. 需求个性

购买餐饮产品和服务行为是消费者主观需求、意愿的外在体现,对口味、档次、用餐形式等因素的选择都主要来自其主观偏好,同时参考自身客观影响因素。个体餐饮消费者的购买决策一般由消费者个人单独作出,集体餐饮购买也力求兼顾集体中大多数成员的喜好。随着消费者支付水平的提高,餐饮购买行为中需求的个性将越发被尊重,需求个性将越来越明显。

4. 复杂性

购买决策阶段不但决策内容和过程较复杂,决策心理活动也是复杂的。我们可以将购买决策看作是一系列大脑复杂思维活动的产物。餐饮消费者在做决策时不仅要调动与餐饮相关的色、香、味、餐厅格调、服务态度等相关内容的感觉、知觉、注意、记忆等一系列心理活动,还要进行餐饮需求量、机会成本、用餐时间等理性分析、推理、判断等一系列思维活动,并且要计算餐饮费用支出与可能带来的各种利益。因此,餐饮消费者的购买决策过程一般是比较复杂的。

决策内容方面,消费者通过分析、确定在何时、何地,以何种方式、何种价格购买哪家餐饮企业或品牌的产品和服务等一系列复杂的购买决策内容体现了决策内容的复杂性。

消费者的购买决策受到多方面因素的影响和制约,具体包括消费者个人的性格、气质、兴趣、生活习惯与收入水平等主体相关因素;消费者所处的空间环境、社会文化环境和经济环境等各种刺激因素,如餐饮产品本身的属性、价格、餐饮企业或品牌的信誉和服务水平,以及接触到的各种餐饮促销形式等。这些因素之间又存在着复杂的交互作用,它们会对消费者的决策内容、方式及结果有不确定的影响。可见,餐饮购买决策影响因素也具有复杂性。

(五)购买后行为

餐饮产品在被购买之后,就进入了购买后时期,这时,餐饮营销并没有结束。消费者在购买餐饮产品和服务之后会将用餐体验与设想的消费预期进行比较,形成对餐饮消费某种程度的满意或不满意,如餐饮产品符合期望甚至超出期望,消费者对餐饮企业的满意度也会很高;反之,如果与期望不符,消费者就会对餐饮产品和服务产生抱怨。这种总体的消费满意或不满意感会直接影响以后的餐饮购买行为。满意程度高的餐饮企业,在以后的购买中,被重复选择的可能性就高,而且消费者还会积极向其他人说明该餐饮企业的优点。而对餐饮产品和服务带有不同程度抱怨的消费者的反应则截然不同,而且不满往往比满意更易被感知和分享。因此,餐饮企业应试图减少消费后的不和谐感。

在对消费者的购后行为研究中,餐饮企业还应该观察购买者对餐饮产品的最终使用方式。有些餐饮消费者会发现餐饮产品对消费者不同需求的满足,这些都可以成为餐饮产品和服务、餐饮企业或餐饮品牌在推介和宣传时不同的切入点。如餐饮企业推出母亲节感恩宴,在宴席上还为母亲提供贺卡、鲜花,这不但可以满足消费者对餐饮产品的需求,还能满足消费者被关怀、被爱、被尊重、被肯定的需求,还能让餐饮企业在消费者心里建立人性关怀的企业定位,从而使消费者对餐饮企业的口碑传播更强烈。

二、针对消费者购买阶段的营销策略

(一)问题认知和信息收集阶段的营销策略

在这两个阶段最重要的营销任务是如何令消费者产生对餐饮产品和服务购买的驱动力。在餐饮企业营销中重要的营销策略是通过宣传手段,扩大餐饮企业相关的营销信息传播。信息既可以是问题认知阶段餐饮消费需求的刺激因素,也可以是餐饮需求产生后消费者收集的对象,它会影响消费者的餐饮购买决定。广告是餐饮企业在这个阶段较为广泛采用的手段。为获得较好的广告成效,餐饮广告应尽量做到:

(1)广告费用应该花费在重复率高的广告形式上。餐饮广告持续时间不应该过长,但同时为得到消费者的感知应有一定的重复频率。反复是获取关注的必要条件,即使消费者对相关餐饮产品和服务的信息的处理非常少,但仍有可能在消费者心中留下餐饮企业或品牌的印象。这一原则反映了经典的条件反射理论,只要消费者产生外出用餐的需要,就会回想起留有印象的广告信息。

(2)广告应该强调少数关键点而不是范围广泛的信息。一方面,一次接触就能对广告感兴趣和注意的消费者很少,另一方面,消费者的信息处理和同化能力又很有限。所以,在大多数广告是低度参与情况下,合适的餐饮广告应该利用强调少数几个关键点的简短信息,突出餐饮产品和服务、餐饮企业或餐饮品牌的卖点。

(3)应该重视视觉和非信息成分。由于广告会被消费者消极地学习和迅速地遗忘,所以在餐饮消费者面前保持产品的视觉接受性就尤为重要。如电视商业广告中有积极的视觉成分,所以它很有可能比印刷品广告更有效;如图片菜点信息比文字更醒目;餐饮产品中的无形服务成分更需要有形的展示,如把厨师的精湛烹饪动作通过广告呈现给观众,观众感受到的是餐饮企业对菜品质量、味觉、营养等的保证,服务员微笑斟茶的图片传递的则是热情、稳定、亲切的待客服务。

(二)可供选择方案评估阶段的营销策略

这一阶段主要应该关注产品属性。

1. 价格

低度参与购买产品的消费者很可能更具有价格敏感性。因为产品之间差别很小,品牌对比不重要,他们经常仅在比较价格的基础上购买。所以,在这类消费购买成本较小、消费者较少投入精力分析的餐饮产品和服务上,如汉堡、面包、可乐、奶茶之类,低价或赠送优惠券就足够影响消费者的购买行为。竞争性产品只要略微降价,就可以使消费者放弃当前品牌转向降价品牌。

2. 分销

广泛分销对于低度参与购买的产品尤为重要,因为消费者不会积极地搜寻某一品牌。如口渴的消费者通常会在最近的超市或饮品店购买饮料,当没有自己打算喝的那款饮品,其他购买点又太遥远时,消费者很可能会作出其他选择。所以,对低度参与购买的餐饮产品,营销渠道必须确保产品的可获得性,以防止发生品牌转移。

(三)购买决策阶段的营销策略

餐饮企业可以根据自身产品和经营特点选择适合的营销策略:

1. 产品试用

对于低度参与购买的产品来讲,努力诱导试用非常有效,因为消费者很可能在试用后形成对该品牌的钟爱。例如消费者可能试尝了一种新口味速溶咖啡,喜欢它的口味,故而经常购买这种品牌。由于消费者一般并不要求自己一定要寻求到所有速溶咖啡品牌,所以试用者可能会持续购买这种对他来说已足够满意的咖啡。同时,如果消费者不再进行信息搜寻和进一步的品牌评估,基于惯性,试用可能足够诱导消费者连续购买这一品牌。

2. 引导消费者的品牌忠诚

品牌忠诚是指消费者对某一餐饮企业或品牌具有特别偏好和在较长时间里重复选择该餐饮企业或品牌的倾向。从外在形式上看,品牌忠诚与习惯性购买并没有太大的区别。然而,品牌忠诚是以消费者对一种品牌的偏好为基础,而习惯性购买则可能是基于其他的原因,如消费者本身的惰性、购买时的便利性使然,因此,两者仍存在根本性区别。

传统上,人们认为,餐饮企业或品牌忠诚主要是由于餐饮产品和服务品质好、有特色或有吸引力。然而,很多研究表明,单纯的餐饮产品和服务吸引不足以解释品牌忠诚这一现象。实际上,品牌忠诚的形成存在餐饮产品和服务以外的其他因素,如消费者的购买时间压力、购买风险和消费者的自我形象等。培养顾客忠诚的关键是着眼于顾客的整体利益,充分合理地满足消费者对餐饮产品或服务的使用价值需求、情感心理需求和潜在及隐秘的需求,同时要努力降低顾客需求中的成本耗费,以便为顾客提供最大的让渡价值,使产品符合并超越顾客期望。构成顾客整体利益的因素主要有五种,即产品品质、服务、价格、创新及与竞争相关的企业形象等。

3. 将消费者从低度参与购买引向高度参与购买

对餐饮企业来讲,提高消费者对某一餐饮产品或服务的参与程度是很有意义的,因为高度参与意味着投入和信赖,并能使消费者在面对竞争性品牌时更可能保持对该品牌的忠诚。提高消费者的参与程度应注意以下几个方面:

(1)把该餐饮产品和服务与某一高度参与的个人境况相联系,即把餐饮产品和服务与消费者正努力从事的活动相联系,如婚宴,其意义对购买者来说远远超越了一般的宴席,会植入更多情感投射。

(2)把该产品与高度参与性问题联系在一起。将保证食品加工原料的合格与抵制地沟油问题联系在一起;将适当控制口腹之欲的绿色餐饮与挽救濒临灭绝物种保护相联系。

(3)创造一个问题,然后解决它。可以通过说服消费者相信他们处于从未觉察到的问题困扰中,来提高消费者对低度参与产品的参与程度。百事可乐在1994年实施了相类似的策略,公司努力说服消费者使他们认识到可乐罐上所标注日期的重要性。对大多数消费者来讲,从来没有产生过可乐不新鲜的问题,因为大多数可乐在失效之前已经被消费掉了。因此,百事可乐陷入了困境后,尝试通过生产日期来提高产品的参与度。

(4)把该产品与高度参与的广告相联系,通过广告赋予产品形象价值。例如,哈根达斯的一个广告:在一张非常高雅的桌子中间放着一盒冰淇淋,主题是"大家都认为你用自己的手指吃哈根达斯是可以接受的",用一种开玩笑的口吻创造了自命不凡的吸引力,从而提高了消费者对这种产品的参与度。

(5)调整利益的重要性。努力调整消费者所倚重的产品利益的重要性。如七喜开始对它的主要品牌进行不含咖啡因的广告宣传,而实际上这种特性并不是该产品的新属性。随着消费者的健康意识不断增强,七喜认为这个广告能够提高消费者对软饮料中咖啡因含量重要性的关注,从而提高消费者对产品的参与度。

(6)导入重要的产品特性。把一种新的产品属性导入到产品,而此属性以前不受到重视,或者根本就没有存在过。

(四)购买后行为阶段的营销策略

餐饮企业提供一些售后服务,切实地替消费者排忧解难,分析消费者的心理需求,做好售后咨询和服务,就可能会使消费者再次对企业的餐饮产品和服务进行购买,形成连锁购买。如现在很多餐厅的打包盒不仅要求环保,还要求可以微波炉加热,就是为了消费后令消费者感到绿色餐饮和便利的兼顾。此外,设立餐后意见信息本或服务台,建立顾客信息档案,向重要顾客邮寄生日卡、慰问信、折扣券等都可能提高顾客的满意度。

第三节 消费者接受新产品的过程

案例导入

分子美食

分子美食学从诞生到现在大约只有20多年。但令人惊奇的是,在被英国《餐厅》杂志评为 2006 年世界最佳的 50 家餐厅中的前三位(ElBulli、The Fat Duck、Pierre Gagnaire)，都是这个烹饪流派的翘楚，因此我们不得不关注这个已在发达国家有广泛影响，在国内却依然比较沉寂的烹饪流派。

分子美食学(Molecular Gastronomy)是世界最先锋的料理方式。所谓的分子美食学就是用科学的方式去理解食材分子的物理或化学变化和原理，然后运用所得的经验和数据，把食物进行再创造。分子美食可以让马铃薯以泡沫状态出现，让荔枝变成鱼子酱状。

分子美食还可以用于传统菜的变革。如分子美食烹饪方式做出的英式传统炸鱼，在吃的时候，耳朵能更清晰地听到咬到外面那层炸浆时脆脆的声音，从听觉上就让人接收到美味新鲜的信息。

因此我们不得不关注这个已在某些国家产生重要影响，在国内却鲜为人知的烹饪流派。

一方面，分子美食高调进入中国市场后，和它匹配的往往是米其林二、三星的餐厅牌号、著名主厨、高品质服务、奢华就餐环境、昂贵就餐器皿。另一方面，分子美食也遭到了保守消费者的质疑。将食物中的某些物质提取出来加入其他物质，或将原本液体的汤汁变成固态食用，这些都会让人置疑分子美食的健康程度。在保守的高端消费者眼中，无污染、传统种植、原生态、非转基因食品比分子美食更令他们安心，更物有所值。

请分析：结合本节课内容，试分析分子美食在市场中正处在消费者接受新餐饮产品的那个阶段？哪类新产品采用者应是分子美食的当前销售对象，为什么？

新餐饮产品进入市场后，通常需要经历一段时间，才能被餐饮消费者广泛接受。餐饮企业的任务就是抓住时机进行推广，使新餐饮产品和服务在市场上取得成功，并达到使消费者普遍接受的目的。在这个阶段，要考虑消费者的心理因素，具体地研究消费者接受新产品在心理上的一般规律。

一、消费者接受新产品的阶段性

在采用新产品的过程中，消费者接受产品具有阶段性。

(一) 知晓阶段

在这个阶段消费者还不是很了解新的餐饮产品和服务，因此餐饮企业要想方设法地让消费者知道这种餐饮产品和服务的存在，运用各种手段引起消费者的注意。

(二) 兴趣阶段

这个阶段也被称为信息阶段，因为消费者如果对该餐饮产品和服务产生了兴趣，就会进一步对其进行信息收集，进一步了解该餐饮产品和服务拥有哪些产品属性，可以满足他的哪些需求。

(三)评价阶段

这个阶段潜在消费者会根据自己的情况,权衡选择新餐饮产品和服务是否值得,并评估自己的购买能力,思考如何购买。

(四)试用阶段

即消费者的少量尝试阶段,少量尝试有利于消费者更准确、更主观地体会餐饮产品和服务。由于大多数大众餐饮产品都是低投入消费品,因此这个阶段对消费者的影响至关重要。往往消费者在试用阶段一旦满意就会选择该餐饮产品和服务甚至会多次购买。

(五)决定采用阶段

使用满意后的选择购买及反复购买,使用不满意后的决定放弃购买都是决定采用阶段的行为。

(六)确定采用阶段

在决定购买餐饮产品和服务后消费者还会分析自己的决策,需要更多支持信息,从而正式采取购买行为,此阶段即确定采用阶段。

二、新产品采用者类型

不同的消费者采用新产品的态度不同,营销专家经过调查,将消费者按照采用新产品的情况分为五类(图3-3):

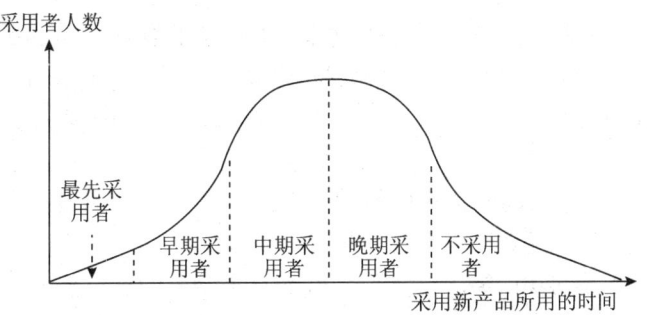

图3-3 新产品采用者类型

(1)最先采用者:又叫革新型的购买者。这类人的特点是对新餐饮产品和服务敏感,消息灵通,易于接受新事物。他们之所以有这种敏感和好奇,源于他们对餐饮创新有一定关注,如浏览美食杂志、收看美食节目,主动获取相关信息,并且个性中有猎奇尝鲜的冒险精神。

(2)早期采用者:这类人喜欢评论,好鉴赏,以领先尝试餐饮产品和服务为荣。

(3)中期采用者:这类人性格上较稳重,但接触外界的事物较多,一般经济条件较好,愿意选择新餐饮产品和服务。

(4)晚期采用者:他们与外界接触少,其中有些人经济条件差些,他们一般不主动采用新餐饮产品和服务,而是待大多数人证实其效用后才采用。

(5)不采用者:对新餐饮产品和服务消费持怀疑态度,餐饮习惯较固执,坚持购买习惯的餐饮产品和服务。

五种消费者的形成不仅仅与性格相关,经济情况越好和社会地位、教育水平越高的消费者越易成为最早的或早期餐饮产品和服务采用者。晚期采用者和不采用者也很可能是源于消费能力的制约。所以以经济收入为标准划分的细分餐饮市场对新餐饮产品和服务的开发和创新程度上的要求是有落差的。同时,餐饮市场中最多的还是中间的三种消费者,最早使用者和不使用者都是极少数。所以餐饮企业营销中既要注重餐饮产品和服务的创新和变化,也不要过分求新求异,仍要考虑到大多数消费者的接受程度。

课后练习

一、选择题

1.购买决策的执行者是餐饮消费决策中的(　　)。
　A.倡议者　　　　　　　　B.影响者
　C.决策者　　　　　　　　D.购买者

2.消费者在购买价格高昂、购买频率低、不熟悉的餐饮产品和服务时,会投入很大精力和时间对购买对象进行了解分析,这属于下列哪种购买行为?(　　)
　A.复杂性购买行为　　　　B.习惯性购买行为
　C.协调性购买行为　　　　D.多样性购买行为

3.提供露天餐饮空间的企业要想到应对露天用餐环境温度调节的问题,并为客人主动提供披肩的行为是迎合消费者的哪方面需求?(　　)
　A.对餐饮产品的功能需求　　B.餐饮消费者的价格需求
　C.餐饮消费者的关怀需求　　D.餐饮消费者的外延需求

4.在接受新产品时对新产品敏感,消息灵通,易于接受新事物的购买者属于哪类新产品采用者?(　　)
　A.最早采用者　　　　　　B.早期采用者
　C.中期采用者　　　　　　D.晚期采用者

二、简答题

1.餐饮消费决策中会涉及哪些不同的购买角色?
2.餐饮消费者的需求涉及哪四大方面?
3.简述餐饮消费者的知觉的选择性特性。

4. 简述消费者购买过程的五个阶段。
5. 简述消费者接受新产品的五个阶段。

三、案例分析

在法国一个很古老的城堡改建的餐厅中,侍者送上的菜单有两种版本,有价格的给男士,没价格的给女士。因为到这家餐厅用餐的客人多为接受过传统欧洲礼仪教育的绅士和淑女。真正的绅士既要买单,又不能让被邀请的女士有心理压力,而且让对方知道花了多少饭钱未免有摆阔之嫌,所以干脆不让女士知道价格。

请问案例中的男士和女士分别扮演了餐饮购买决策中的什么角色?这种菜单提供方式迎合的是消费者哪方面的需求?

第四章 餐饮企业市场营销战略与营销计划管理

引 言

营销战略作为一种重要战略，其主旨是提高企业营销资源的利用效率，使企业资源的利用效率最大化。由于营销在企业经营中的突出战略地位，使其连同产品战略组合在一起，被称为企业的基本经营战略，对于保证企业总体战略的实施起着关键作用，尤其是对处于市场竞争激烈的企业，制定营销战略更显得非常迫切和必要。

通过对本章的学习可以掌握营销战略的内容组成，了解不同企业需求下的战略类别，通过对指定营销战略过程的理解，可以虚拟构建一个餐饮企业的简易营销战略系统，并提出合理的实施计划。

学习目标

- 了解营销战略的内容及类型。
- 掌握制定营销战略的过程和具体实施。
- 理解餐饮企业市场营销计划的含义及类型。
- 了解企业营销计划的内容。
- 了解餐饮企业市场营销管理的具体内容。
- 明确餐饮企业市场营销控制的含义和主要问题。
- 掌握餐饮企业市场营销的控制过程。
- 了解餐饮企业市场营销审计。

第四章 餐饮企业市场营销战略与营销计划管理

> **关键词**

战略思想、战略任务、战略目标、市场目标、发展目标、利益目标、贡献目标、战略行动、战略重点、战略模式、战略阶段、市场发展战略、市场选择战略、市场竞争战略、营销控制、营销审计

第一节 餐饮市场营销战略

> **案例导入**

"小洋人"是一个近几年在河北、山东、天津等华北地区郊县的广大农村及一些中小城市市场崛起的区域性乳饮料产品品牌。在一些中小城市，它的市场占有率已超过乐百氏、娃哈哈等著名乳饮品牌，成为消费者购买时的首选品牌。客观分析，小洋人与乐百氏、娃哈哈这些乳饮料生产巨头相比，其优势不在资金支持、机器设备或生产制造系统。它能在部分市场中后来者居上应归功于它有效的营销策略和不断提升的营销能力。

面对现今乳饮料市场的激烈竞争，乐百氏、娃哈哈、光明、三元、蒙牛等大品牌对市场早已形成占领瓜分。尤其在发达的大城市中，这些品牌间的竞争愈演愈烈。对小规模生产起步，无雄厚资金、技术支持的"小洋人"来说，快速扩张、正面挑战大品牌显然都不是生存之道。因此，小洋人的决策者多年来坚持以稳定发展为基础战略。具体到它的营销策略，小洋人准确地根据当前激烈的市场竞争态势和较薄弱的自身资源能力状况进行准确的目标市场定位。它集中优势资源和能力力求更好地满足市场中的中低收入家庭的需要，扎根于农村和城镇市场，争做"小池塘中的大鱼"。为了服务于这一定位，其在新产品开发上，主要针对中低收入家庭尤其是农村消费者喜爱的品种，比如果味奶、蜂蜜钙奶、棒棒冰等。而在市场销售渠道开拓方面，小洋人以沧州市小城镇为突破口，向四面八方辐射，并且坚持开拓一块、稳固一块的稳定拓展方式。

请分析：案例中小洋人的营销发展策略，无论是产品策略还是销售策略都遵循了企业稳定发展的基本战略。结合案例谈谈营销战略对企业的意义以及一个优秀的营销战略应具备哪些特点？

餐饮企业市场营销战略广义上是企业为了谋求长足的发展，市场营销部门在综合考虑外部市场机会及内部资源状况等因素的基础上，确定目标市场，选择相应的市场营销策略组合，并予以有效实施和控制的过程。狭义上则只是餐饮企业为了谋求其发展目标，综合考虑市场环境和自身资源的前提下，为营销活动制定的一

个较长时段内的全局性行动方案。

市场营销战略作为一种重要战略,其主旨就是提高餐饮企业营销资源的利用效率,使企业资源的利用效率最大化。由于营销在餐饮企业经营中的突出战略地位,使其连同产品战略组合在一起,被称为企业的基本经营战略,对于保证企业总体战略的实施起着关键作用。

餐饮企业处在不断变化的市场环境中,应居安思危,尤其是对处于竞争激烈的餐饮企业,制定营销战略更显得非常迫切和必要。餐饮业对投资、技术的要求相对于其他行业较低,这就造成行业进入壁垒较低,行业中的竞争和淘汰剧烈,容易造成投资者紧盯短期收益,忽视长远规划。如我国很多知名餐饮品牌发展规模大、前景好,但一旦谈及上市就遭受瓶颈。这种情况和餐饮业在早期经营中急于追求回报而进行的不规范的收款、发票操作造成的业绩报表混乱不无关系。再如,有些餐饮企业发展初期为节约成本严格控制人力雇用,不注重后备技术力量培养,导致开设分店时很难快速组建优秀的生产加工队伍,甚至由于原有技术人员分散影响老店的产品服务水准。所以如果想谋求一个餐饮企业或品牌的长足发展,企业经营者就要对市场营销战略有充分的认识和了解,以便能更好地运用到营销经营中去。

一、营销战略的内容

现代餐饮企业营销战略一般包括战略思想、战略任务、战略目标、战略行动等方面的内容。

(一)战略思想

战略思想是指餐饮企业制定与实施战略的统一观念和思维方式,它是企业进行战略决策的行动准则,是企业上下奉行的长期宗旨。在宏观上,我国的餐饮企业战略思想应符合社会主义制度与市场经济对企业经营思想的要求,树立系统优化观念、资源的有限性观念、改革观念和着眼于未来观念。在微观上,它要符合企业自身经营能力,有效区别于竞争对手,迎合目标市场的主流观念。

(二)战略任务

战略任务是在一定时期内,餐饮企业市场营销工作预期要达到的目标。战略任务通过规定企业的业务活动领域和经营范围表现出来,具体包括餐饮企业选定的目标市场、产品服务项目和经营前景。战略任务需要解决餐饮企业面临的下列问题:将为哪些消费者服务;向他们提供什么质量、品种、档次的餐饮产品和服务;以什么形式,提供哪些核心及辅助产品;将经营多大的规模范围。

(三)战略目标

战略目标是餐饮企业战略任务的具体化、数字化或明确化,是餐饮企业在较长时期内预期要达到的成果。它反映一个餐饮企业期望在一段时期内生产技术和营销管理的提升改进程度。营销战略目标是餐饮企业营销战略和经营的基础,是关系企业发展方向的问题,是一个综合的或多元的目标体系,具体包括以下四方面的内容:

1. 市场目标

市场目标具体表现为餐饮企业对已有市场的进一步渗透和对新市场的开拓、市场占有率、销售增长率的提高,餐饮企业期望得到哪些消费群体的青睐和忠诚度等。

2. 发展目标

发展目标具体表现为餐饮企业产品和服务的创新能力、经营管理水平的提高程度以及因企业的发展、专业化协作而使餐饮企业规模扩大的程度等。餐饮企业为追求发展目标会提升生产能力和扩大经营规模。

3. 利益目标

利益目标具体表现为餐饮企业的利润总额的扩大和资金利润率的提高程度、员工收入增长程度以及职工心理需要的满足程度,也即餐饮企业预定要取得的经济利益。

4. 贡献目标

贡献目标具体表现为餐饮企业向社会提供的商品或服务的数量和质量、上交国家税金的数量、自然资源的利用程度、环境保护的状况以及为社会的政治安定和生活质量的提高所做的其他贡献等。

(四)战略行动

战略行动应以战略目标为依据,为餐饮企业选择确切的执行战略重点、战略模式和战略阶段。

1. 战略重点

战略重点是指对餐饮企业实现战略目标具有决定意义的工作、措施和环节,是餐饮企业市场营销的主攻方向。战略重点要关注那些决定战略目标能否实现的关键因素,如企业中重大而又薄弱的项目环节和生产部门。

2. 战略模式

战略模式是餐饮企业为实现战略目标而采取的长期的、重大的对策和措施。餐饮企业在实现战略目标的过程中,为了充分利用市场机会,避免市场威胁和减少市场风险,必须制定相应的办法和措施。

3. 战略阶段

战略阶段是根据餐饮企业营销发展的客观进程制定的实现战略目标的时间安排。由于战略具有长期的相对稳定性,战略目标的实现需要经过若干个阶段,而每一个阶段又有其特定的战略任务,因此只有通过完成各个阶段的战略任务才能最终实现其总目标。

二、营销战略的类型

营销战略按不同的标准,可以有不同的类型区分:

(一)按营销战略的内容划分,餐饮企业的营销战略可分为市场选择战略、市场竞争战略和市场发展战略

1. 市场选择战略

市场选择战略是确定餐饮企业产品和服务方向的战略,是餐饮企业的根本战略。没有一个餐饮企业或品牌可以满足市场中的全部需求。餐饮企业在经营之初就会通过市场调查,细分市场,选择自己的目标市场。针对目标市场的特点和企业能力,餐饮企业才能进一步确定企业生产经营的内容、定位和规模。这种战略从目标市场需求出发,同时应伴随着企业规模、原料供应、产品服务生命周期的变化而不断适当地修正和调整。

2. 市场竞争战略

餐饮企业生存于竞争的市场环境中,对营销策略的选用也要受到竞争者的制约。竞争贯穿于餐饮企业营销活动的所有方面,而市场竞争战略是餐饮企业的应对解决战略,是保证餐饮企业在激烈的市场竞争中取得主动权的战略。餐饮企业的竞争战略既包含竞争手段方面的,也包含竞争方向方面的。同时,不同类型的餐饮企业也应该根据竞争地位的不同,采用不同的竞争战略。

3. 市场发展战略

餐饮企业期望尽可能地满足目标市场的需要,在激烈的市场竞争中取得优势地位,实现企业的经营目标。餐饮企业要提高自己的声誉和知名度,扩大规模,必须认真选择自己的发展战略。市场发展战略包括发展方向战略和发展方式战略两个部分。

(二)按营销战略的层次划分,餐饮企业营销战略可以分为总体战略和部门战略

1. 总体战略

总体战略从餐饮企业全局的利益出发,考虑餐饮企业的长期发展,是整个餐饮企业的营销战略,是宗旨战略。它是餐饮企业各个部门的共同目标和相互协调的依据。

2. 部门战略

部门战略是餐饮品牌各分店或餐饮企业各部门的独立战略,是根据总体战略的要求制定的,是一种执行性的战略。但每个分店的战略都要考虑各自的特点。

(三)按营销战略的过程划分,餐饮企业营销战略可以分为程序式战略和非程序式战略

1. 程序式战略

程序式战略是按企业系统的流程和逻辑制定的战略。为了防止仅靠生产和服务经验造成决策的偏差,目前在制定战略时大都采用一套科学的程序,以提高战略的严谨性和可行性。

2. 非程序式战略

由于餐饮企业营销战略的内容复杂,同时竞争环境多变,有些因素有很大的不确定性,再加上很多经营活动带有开创性,很多程序式战略依托的积累参考数据缺乏或不可能获得,都造成企业无法按照既定的程序和逻辑进行战略抉择。出现以上情况时,餐饮企业只能通过企业领导者的主观判断作出战略抉择。因此,非程序性战略的预见性受到领导者经验、相关知识、洞察力和逻辑严谨程度的直接影响。

三、制定营销战略的过程

餐饮企业制定营销战略是指在分析餐饮企业自身条件的基础上,遵循自身战略思想,规划战略任务与战略目标,并制定出具体战略行动的全过程。

(一)餐饮企业条件分析

餐饮企业条件分析是餐饮企业营销战略制定的基础。餐饮企业条件既包括企业的内部条件也包括企业外部环境,内容复杂,因此,需要敏锐的洞察力和严密的逻辑分析能力。

餐饮企业内部条件主要包括两个方面:

一是餐饮行业整体状况,包括行业所处的是兴盛期还是冷淡期,造成这种状态的原因各是什么?本餐饮企业在行业中的地位,及将会受到整个行业态势的哪些影响等。如在2009年金融危机影响下,面对通货膨胀,消费者开始采用严谨的消费态度,餐饮行业随之进入冷淡期。但在这一时期,餐饮市场中不同的餐饮企业却采取了截然不同的应对策略。在大多数市场跟随者默默收缩经营的时候,拥有强大经济后盾的行业带领餐饮品牌却借机扩张、整顿。在冷淡期进行整顿、扩张不但成本较低,同时也是期望在可预期的行业回暖观点支持下尽可能地为企业争取更大的市场份额。

二是与营销能力有关的因素,包括营业面积、生产设备、企业资金、技术储备、人员素质、组织机构和管理水平等因素。例如餐饮企业的竞争能力、市场占有率、市场潜力、产品的信誉、销售增长率、获利能力、产品供应、财务状况和经营风险等。

餐饮企业的外部环境包括微观环境和宏观环境。微观环境包括企业本身、供应者、中间商、顾客、竞争对手和社会公众等方面；宏观环境包括人口、经济、政治与法律、社会文化等方面。对环境的分析，一是要预测环境的变化方向，二是要对环境变化给企业带来的机会和威胁进行预测，以便在营销战略中能趋利避害。

(二) 确定战略任务

在确定战略任务时，餐饮企业需要广泛征求意见，根据意见的来源可以分为企业外部意见和企业内部意见。餐饮企业可以组织多方面的非本企业人员对本企业未来一定时期内的企业战略任务进行讨论，同时也要考虑企业环境可能出现的机会、威胁、有利条件和不利因素，餐饮企业的能力，市场导向等，通过广泛征求意见，明确消费市场对企业的需求和期望、与竞争对手的比较情况、未来行业发展的预期状况等。餐饮企业根据以上信息，确定出适合本企业特点的战略任务。再将初拟的战略任务在企业内部广泛征求意见，了解战略任务的可行性和合理性，最后对战略任务进行适当调整，以便其具有指导性和可实践性的同时，能够兼顾企业内部的利益协调，使全体员工齐心协力朝着一个共同的方向前进。

(三) 确定战略目标

战略目标是餐饮企业营销活动的总目标，确定正确的战略目标是制定市场营销战略的中心内容。为了保证战略目标的顺利实现，制定战略目标必须遵循以下原则：

1. 明确性

战略目标明确是指其含义清晰，指意明了，换言之，就是指其内容不可以抽象空洞，要有可衡量的实际指标。这就要求餐饮企业确定的战略目标应尽可能做到标准清晰，包括尽量用数字表示，通过一系列的数量与时间、空间指标，可以清晰定位要达到的目标，从而明确目标具体对应的工作内容和操作程序、最终绩效的考核和对比方式。这样餐饮企业才具备控制战略目标实现过程的可能。

2. 层次性

由于各餐饮企业、企业中不同部门、部门中不同环节的任务的重要性各不相同，战略目标应具有层次性。一般应在餐饮企业总体目标下，设有各部门、各环节的目标；从时间来说，餐饮企业为保证战略目标的连贯性，应同时具有长期目标、中期目标和短期目标。这些目标形成一个目标体系，其重要性也各不相同。总目标和长期目标是最重要的目标，各部门、各环节的目标和中短期目标是为实现总目标和长期目标而制定的。

3. 可行性

战略目标最终是要通过员工的实践操作，在为消费者提供切实的餐饮产品及服务的经营过程中实现，所以战略目标应具备一定的现实基础，如提供服务时的设备、器皿、技能等。因为目标应具备较高的指导意义,所以应当具有一定的挑战性,但这个目标同时又应是可实现的。不能实现的战略目标是无法得到员工认同的,也从根本上失去了指导意义和鞭策力。

4. 科学性

战略目标带有前瞻性和预测性,这种预测包括对餐饮企业市场需求变化和自身供给能力的预测。为能达到较准确的预测需要经过对相关数据的搜集和积累,运用科学的方法预测和计算。如很多餐饮企业都会对自己下一阶段的营业额做出预估,这个数字要通过数年来企业的自身经营环比变化情况和前期不同时间段营业额进行计算。同时,还要适当参考企业获得预订的情况,根据经营环境可能的变化等因素进行调整。

四、营销战略的具体实施

在营销战略的实施过程中,为保证营销战略真正得到贯彻和相关措施的有效执行,首先须保证预先制定的策略被合理有序地实施;其次应对执行过程进行合理控制。

(一)营销战略的执行

为了保证营销战略由理论落实到实际行动,执行中需要做好三项工作:

1. 制定策略组合

餐饮企业除了可以根据战略目标提出主要包括产品策略、价格策略、销售策略、促销策略等策略外,还应根据营销过程的需要将前面提到的相关策略灵活搭配整合成为策略组合。

2. 建立执行体系

搞好相应的餐饮企业内部组织建设,建立相应的组织机构,落实责任制,建立营销战略的执行体系。

3. 制订战略实施计划

确定具体的项目、步骤、措施和时间安排,制订切实可行的战略实施计划。

(二)营销战略的控制

为保证实现餐饮企业的营销目标,营销活动必须按照事先拟订好的营销计划有序地进行。为此,餐饮企业必须对营销活动进行控制,并在必要的时候对预先拟订的策略加以调整。

餐饮企业营销战略控制的内容包括三个方面:

1. 目标控制

餐饮企业根据营销战略规定长远目标和阶段目标,要控制目标的实施和实成情况。短期目标、销售目标、人员培训目标这些目标体系中的子目标都是企业长远目标和阶段目标的支撑。

2. 进度控制

为保证餐饮营销战略最终实现战略计划的要求,必须控制其不同时间阶段的实现进度和阶段间的目标衔接。此外,餐饮市场的快速变动令餐饮企业不得不重视战略目标的时效性。

3. 重大问题控制

营销控制的首要价值在于及时发现餐饮企业在执行战略中出现的新的机会或障碍,以便利用机会,减少障碍。这种作用表现为餐饮企业对重大问题的控制。

例如,苹果手机开始将全社会带入了手机智能时代,同时给了了餐饮企业一个全新的宣传、销售、竞争平台。五年前人们打算在陌生的街区用餐时,会四处走走,看有没有曾经消费过的连锁品牌餐厅,有没有发现有吸引力的餐厅,或向人打听附近哪里有比较好的餐厅。而现在的消费者会先通过随身携带的手机、平板电脑终端打开网页,搜寻信息,进行信息筛选,做出初步选择,再去实体店查看,如果与网上描述出入不大就会确认作出的选择。科技变革带来全新的销售方式,改变了人们的消费行为和习惯,这些变化是强劲的、不可逆转的。餐饮企业为保证自己的销售目标可以达成,必须顺应这一变化调整自己原有的销售策略。很多餐厅开始通过第三方网络平台,如大众点评网、团购网,让自己的产品信息更方便、更广阔地被消费者了解。有的连锁餐饮企业,资本雄厚、店面数量庞大,利用自己的集团优势,推出了品牌的手机应用(App)软件,如肯德基。

第二节　餐饮企业的市场营销计划

☞ 案例导入

南昌鲜徕客食品有限公司既是南昌市政府早餐工程,也是南昌市总工会再就业基地。"鲜徕客"早餐车遍布南昌市的大街小巷,而且还销往10多个县市。鲜徕客食品有限公司旗下拥有早餐、速冻、豆制品、饮料四条生产线,生产的食品中早餐类有26个品种、速冻类有30个品种、豆制品类有22个品种、饮料类有2个品种。主要生产设备从日本、德国、台湾地区引进,工艺先进,检验设备齐全,是目前国内食品行业设备一流的企业。

当前我国食品工业还是以农副产品原料的初加工为主,精细加工程度与食品制成水平比较低,正处于成长期。根据食品工业的发展趋势可以预测今后我国的食品市场将朝着方便、营养、快捷化、保健化、多样化、功能化、安全化的方向发展,消费档次也将逐步提高。"鲜徕客"看准了这个潜在的市场实施品牌延伸计划,在原有的早餐市场下又开发了更多的系列产品,例如米制品、糕点、豆制品等。它推出的面点更是被评为"江西省优质食品",深受广大消费者赞誉。2005 年,南昌"鲜徕客"与上海"汉康豆业"合作,建成了目前国内最好的一条放心豆腐自动流水生产线。

请分析:结合案例,针对鲜徕客食品有限公司进行营销状况分析。

一、餐饮企业市场营销计划的含义

餐饮企业营销计划是指在餐饮企业市场营销环境调研分析的基础上,制定餐饮企业、各分支门店及各业务部门针对营销目标以及为实现营销目标所应采取的策略、措施和步骤的明确相关规定和详细说明。

形象地说,营销战略为餐饮企业规划了经营愿景,而营销计划解决的是如何正确地接近、达到这一愿景。在餐饮企业的实际经营过程中,并非所有的营销计划都会执行顺利,营销计划充分发挥作用的基础是正确的战略,首先确定企业营销战略的正确性,才能保障营销计划执行的价值;同时,要在执行过程中监督营销计划贯彻落实,将营销战略转化为有效的战术。营销计划的正确执行可以创造完美的战术,而完美的战术则可以弥补战略的欠缺,还能在一定程度上转化为战略。

二、市场营销计划的类型

(一)按计划时期的长短划分,市场营销计划可分为长期计划、中期计划和短期计划

长期计划的期限一般为 5 年以上,主要是确定未来发展方向和奋斗目标的纲领性计划;中期计划的期限为 1~5 年;短期计划的期限通常为 1 年,如年度计划。一个餐饮企业兼备不同长短的营销计划可以兼顾到市场营销计划所需要的系统性、预见性和可操作性。

(二)按计划涉及的范围划分市场营销计划,可分为总体营销计划和专项营销计划

总体营销计划是企业营销活动的全面、综合性计划。它可以是整个餐饮品牌或企业的未来竞争能力提升计划。

专项营销计划是针对餐饮企业存在的某种薄弱环节或挑战而制订的计划,如品牌计划、渠道计划、人力资源计划、定价计划等。

(三)按计划制订者的层次划分餐饮企业营销计划可分为战略计划、策略计划和作业计划

战略性计划是对餐饮企业将在未来市场占有的地位及采取的措施所做的整体性的谋划,对企业意义深远,有长期指引企业中各部门合作努力的作用。因此,战略性计划往往来自企业高层,如总经理、集团董事会制订的长期企业发展计划。

策略计划是对营销活动某一方面,如产品设计、价格设置、分销渠道、结算方法、促销宣传等所做的策划。这类计划通常由餐饮企业的中层管理者制订,如分店经理,各部门总监对整个部门拟订的计划。

作业计划是各项餐饮企业营销活动的具体执行性计划,如一项促销活动,需要对活动的目的、时间、地点、活动方式、费用预算等作出策划。这类计划通常由餐饮企业基层管理者制订。

三、企业营销计划的内容

一个完整的企业营销计划需要包括计划概要、营销状况分析、机会与风险分析、拟订营销目标、营销策略、行动方案、营销预算、营销控制等内容。

(一)计划概要

餐饮企业计划的正文之前要有整个营销计划的简短摘要,目的是使阅读的人迅速了解计划的主要内容,把握计划的要点。概要需要清晰地强调计划的持续时间、解决战略问题的范围等,例如某刚刚开设的咖啡店的计划概要可以是:①完成初期咖啡店整体经营的稳定;②使咖啡店在3个月内进入稳定的运作;③完成上半年的营业预期等。

(二)营销状况分析

这部分主要是对餐饮企业现有阶段的分类和营销背景等较全面的描述。包括餐饮企业市场、产品、竞争、分销以及餐饮企业宏观环境因素等背景资料。具体内容有:

1. 市场状况

首先通过目标市场未来成长趋势的有关数据、顾客的需求状况等阐述目标市场的规模和预期态势。如目标市场近年来的年销售量及其增长情况、在整个市场中所占的比例等。

2. 产品状况

通过餐饮企业在实际操作中积累的经验,列出本企业的产品和服务组合中每一个品种近年来的销售价格、受欢迎程度、市场占有率、成本、费用、利润率等方面的数据。

3. 竞争状况

识别、判断出餐饮企业的主要竞争者,这需要敏锐的判断,不能只是局限于眼前易发现的竞争对象,更应注重那些在企业发展过程中可能要面对的竞争者。尽量搜集竞争者的规模、目标、市场份额、产品质量、价格、营销战略及其他有关特征和信息,以了解竞争者的意图、行为,分析竞争者的变化趋势。

4. 分销状况

伴随着大型餐饮集团和企业的发展,餐饮产品所选择的分销渠道的类型和预期各分销渠道上将销售的数量也应在计划中说明。对于现代餐饮市场来说，可方便获得产品和服务的销售终端将是现代餐饮企业竞争力的重要组成。当消费者产生对某餐饮产品的消费意愿时，就有可能购买该餐饮产品，因此，如何保证餐饮产品和服务更好地覆盖目标市场、建立良好的分销渠道是不可忽视的。

5. 宏观环境状况

在营销计划中要有对宏观环境的状况及其主要发展趋势的简要介绍，如人口环境、经济环境、技术环境、政治法律环境、社会文化环境等。它们在计划制订时能提供有力的比对和参考，而且从宏观环境状况中可对某餐饮品牌、企业或产品的命运作出大体趋势预估。

（三）机会与风险分析

对餐饮企业进行SWOT（态势）分析：首先对餐饮营销面临的主要机会和风险进行充分分析；然后再对餐饮企业营销资源的优势和劣势进行系统分析。在机会与风险、优劣势分析基础上，餐饮企业可以确定在营销计划中必须要注意的问题。有了清晰的机会与风险的分析，餐饮企业才能弥补劣势不足、迎接挑战、发挥优势、把握发展机会。

（四）拟订营销目标

拟订营销目标是餐饮企业营销计划的核心内容。营销目标不但要用数量化指标表达出来，还要兼顾实际性、合理性与开拓性。

营销目标可以由销售收入、销售增长率、销售量、市场份额、品牌知名度、分销范围等指标构成。

（五）营销策略

营销策略应包括目标市场选择和市场定位、营销组合策略等。具体内容应涉及企业营销的目标市场是什么，如何进行市场定位，确定何种市场形象；企业拟采用什么样的产品、渠道、定价和促销策略等。

（六）行动方案

企业营销计划中需要对各种营销策略的实施制订详细的行动方案，即阐述以下问题：将做什么？何时开始？何时完成？谁来做？成本是多少？整个行动计划可以列表加以说明，表中应具体说明每一时期应执行和完成的活动时间安排、任务要求和费用开支等，使整个营销战略落实于行动，并能循序渐进地贯彻执行。

（七）营销预算

营销预算即制作一个实质性的预计损益表。在收益的一方要说明预计的销售量及平均实现价格，并预算出销售收入总额；在支出的一方要说明生产成本、实体分销成本、营销费用以及再细分的明细支出，并预算出支出总额。最后得出预计利润，即收入和支出的差额。企业的业务单位编制出营销预算后，送上层主管审批。

经批准后,该预算就是材料采购、生产调度、劳动人事以及各项营销活动的依据。

(八) 营销控制

营销控制是对营销计划执行进行检查和控制,用以监督计划的进程。为便于监督检查,具体做法是将计划规定的营销目标和预算按月或季分别制订,营销主管每期都要审查各部门营销的业务实绩,检查是否实现了预期的营销目标。凡未完成计划的部门,应分析原因,并提出改进措施,以争取实现预期目标,使企业营销计划的目标任务都能落实。

餐饮企业常采用的营销控制的方法有以下几种:

1. 预防管理控制

预防管理是对计划执行的事前准备进行管理,以预防问题出现的一种控制方式。应用预防管理的餐饮企业需要有准确、及时的信息和较强的预测分析能力。这种控制工作的难度较大,需要充分的前期参考数据和有较高业务素质的分析人员。

2. 现场管理控制

现场管理是指在某项活动进行之中所实施的控制。现场管理的方法是管理者深入现场对正在进行的工作进行指导与监督,发现偏差时及时进行提示、帮助或予以纠正。现场管理的出发点是,在偏差刚一发生或出现苗头时就进行纠正。计算机和通信技术的不断发展,为现场管理提供了许多便利之处和新的形式。现场管理的效果与主管的工作作风和领导方式、解决问题的权力大小、下属对他们指导的理解程度有很大的关系。

3. 反馈管理控制

反馈管理是指从已经结束的活动或以前工作的执行结果中获得信息,将它与控制标准相比较,发现偏差所在及其原因,然后采取措施对下一步工作过程所实施的控制。反馈管理的特点是根据过去的情况来调整未来的行为。不少情况下,反馈管理是唯一可用的控制方式。反馈管理与预防管理、现场管理都是有价值的管理方式。把这三种类型的控制结合起来使用,控制的效果会更好。

这些控制方法各不相同,且各有适用的经营状况和环境。餐饮企业要了解这些控制方法的利弊,并在各种方法之间进行权衡。

第三节　餐饮企业市场营销管理和营销控制

案例导入

旺旺食品的营销

旺旺集团自 1992 年踏上中国大陆市场以来,凭借拳头产品旺旺雪饼,赢得了消费大众的偏爱和认知,商标"旺旺小子"可爱的形象深入人心,让消费者对旺旺有了喜气、兴旺的形象定位。大陆市场的成功运作一度为旺旺争取了米制膨化食品的霸主地位。

如今旺旺在大陆市场上出售的零食产品有一百多种,早已远远超出了品牌来源地——台湾出售的品种。旺旺在大陆市场的销售业绩已经占到集团总销售额的90%以上,在大陆的业务已经由米果逐渐延伸到糖果、乳品、饮料、大米以及白酒等行业。

但同时,伴随着企业规模的扩大,旺旺也出现了一些问题:销售人员不断增长,成本不断增加,造成企业业绩每年增长的同时利润却在下降;随着市场的变化,旺旺曾经引以为豪的产品优势也在一点点消失。过去,旺旺取得了成功,在一定程度上是因为竞争太少。而现在,上好佳、乐事、达利园等大批竞争对手相继出现,并且产品新技术的普及和消费者对产品需求的多样化,使得这些企业有了广阔的成长空间。十多年过去了,虽然旺旺推出了不少新产品,但主打产品还是当初创业时的那几个,接替的主打产品迟迟没有出现。一旦目前这几个主打产品进入衰退期,旺旺将面临产品断层、后继乏力的危险处境。

请分析:当前旺旺所面临的问题可能源于企业市场营销管理的哪些方面的控制不足?

一、餐饮企业市场营销管理概述

(一)餐饮企业市场营销管理的含义

餐饮企业市场营销管理是指对餐饮企业理想的经营项目和营销活动进行计划、组织、执行和控制,以便能创造、建立和维持与餐饮企业目标市场的良好交换关系,达到实现餐饮企业总体目标的目的。

(二)餐饮企业市场营销管理的特点

(1)餐饮企业市场营销管理是一种包括分析、计划、执行和控制的过程。
(2)餐饮企业市场营销管理的目的在于使期望中的交易达成。
(3)餐饮企业市场营销管理的实施可增进餐饮企业和客人双方的利益。
(4)餐饮企业市场营销管理着重产品、价格、促销和销售渠道的相互协调和适应,从而实现有效的营销反应。

(三)餐饮企业市场营销管理与餐饮企业其他管理的区别

餐饮企业市场营销管理与项目管理、财务管理、人事管理等的区别在于:

首先,它所牵涉的对象不是处于餐饮企业内的,而是处于餐饮企业外的不特定对象,因此,其所需信息不像其他管理信息那样易于获取,必须投入大量的人力资源才能获得。也正是因为如此,营销管理的效果更需要仔细评估。

其次,营销管理的中心乃是交易的过程。这一过程是餐饮企业与外在环境最重要的相互作用,因而营销管理在任何情况下的任何影响或作用都是及时和显著的。财务管理等管理项目虽然也存在极其重要的影响,但对及时性的要求却远不如营销管理急迫。

再次,由于营销管理与外在环境的密切性,任何修整不仅仅包括餐饮企业内部的行动,并且还要求外在环境的配合。这使得营销管理的任务更为艰巨,更需要一流的人才来执行。

二、餐饮企业市场营销管理的具体内容

由餐饮企业市场营销管理的定义来看,我们可以从分析、计划、组织执行及控制四个方面来陈述餐饮企业市场营销管理的基本任务。

(一)分析方面

主要包括餐饮企业市场营销环境分析;餐饮企业消费者购买及消费行为分析;餐饮企业市场分析;餐饮企业产品和服务分析;餐饮企业竞争分析。

(二)计划方面

主要包括餐饮企业市场营销形势的概括总结;餐饮企业的经营机会、威胁、优势、劣势的确定和评价;餐饮企业市场营销目标、策略的制定;餐饮企业长期和短期营销计划的制订;准确的销售预测。

(三)组织和执行方面

主要包括餐饮企业市场营销观念在全体员工中的灌输;以营销为导向的餐饮企业组织机构的建立;选择合适的营销人员;对新老营销人员的培训;餐饮企业各种促销活动的开展;餐饮企业市场营销部内部及营销部与其他各部门之间的广泛交流和密切配合;餐饮企业市场营销信息系统的建立;餐饮企业新产品开发、价格制定及销售渠道的建立。

(四)控制方面

主要包括餐饮企业市场营销数据的分析、归纳和总结;用既定的绩效标准来衡量和评价餐饮企业市场营销活动的实际结果;分析各种促销活动的有效性;评估营销员的工作成绩;采取必要的纠正措施。

三、餐饮企业市场营销控制的含义和主要问题

(一)餐饮企业市场营销控制的含义

餐饮企业市场营销控制是指为了确保餐饮企业实现预期的营销目标而采取的一系列有意义的行动。它是餐饮企业市场营销管理的主要职能之一,并与分析、计划、执行等职能密切结合,形成餐饮企业完整的营销管理系统。

(二)餐饮企业市场营销控制的主要问题

营销部是餐饮企业的一个重要功能部门,它一方面促使产品和服务与市场需要和需求吻合,另一方面向餐饮企业其他管理部门传递市场情报。在餐饮企业市场营销活动过程中,营销控制问题可分为以下六个方面:

1. 餐饮企业决策者对营销部的控制

营销部的各项活动及其成效,直接影响餐饮企业的生产经营、财务、人事等部门的活动和成效。因此,就产生了最主要也是最重要的营销控制问题,即餐饮企业决策者如何对其营销部门的活动、成效进行最有效的控制。

2. 营销部门对其他部门的控制

餐饮企业市场营销部门的工作必须得到其他部门的密切配合和支持才能顺利进行。然而由于餐饮企业市场营销部与其他部门是同级的,营销主管如何才能对互相依存的餐饮企业其他部门的活动具有足够大的影响力呢?

营销导向的观念已成为餐饮企业的一种有用武器,但也因此而导致部门间冲突的发生。补救的办法并不是一味地增加营销部门的权力,而是发展部门间更有效的沟通系统,促使餐饮企业的各部门都能朝同一方向努力,共同致力于餐饮企业的整体利益。

3. 营销部门对外界中间商的控制

餐饮企业中间商的行为不一定总是有利于餐饮企业市场营销活动的。因此,营销总监会碰到如何对餐饮企业中间商实行较好的控制这一问题。如那些对餐饮企业贡献大的中间商,餐饮企业应给予适当的奖励,相反,对那些不守信用的中间商,餐饮企业应考虑放弃,或采取必要的惩处。

4. 营销部门对营销人员的控制

餐饮企业市场营销总监还会碰到如何对营销人员,如销售经理、公关经理等的控制问题。营销总监可以通过设置良好的权责关系、预算制度、成效审查制度、报酬制度等,来执行这一项营销控制工作。

5. 营销部对营销计划成效的控制

由于营销环境中的各种因素,如市场、竞争、需求等不断变化,从而使餐饮企业市场营销计划的实际成效和预期成效发生偏差。为此,营销总监需要对营销计划成效加以控制。

6. 营销部门对营销方案的控制

这种控制问题与营销部所采取的营销方案,如餐饮企业新产品开发计划、主要广告活动,或新市场开拓等有关。它属于如何在预定期及预算内进行这些方案的问题,其主要的控制工具为规划法、计划评查法、预算及专案成效研究。

四、餐饮企业市场营销控制过程

餐饮企业市场营销控制是一个包括多步骤的复杂过程。

(一)确定哪些内容需要营销评估

可供营销评估的内容很多,如营销人员的工作效率、广告宣传效果、营销计划的有效性、营销调研工作的有效性等,营销总监应从中选出主要的内容,作为评估的对象。

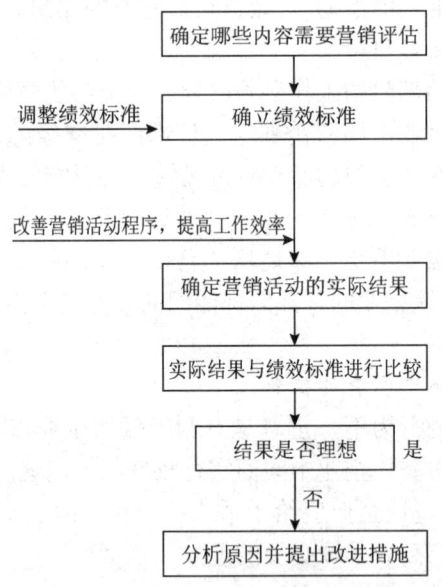

图4-1 餐饮企业市场营销控制

(二)确立绩效标准

即确定营销控制的衡量单位,并将这些衡量单位加以定量化。例如,某餐饮企业将记住餐饮企业广告内容的读者至少占全部读者的15%作为餐饮企业广告宣传的绩效标准。

(三)确定营销活动的实际结果

餐饮企业市场营销人员可以从餐饮企业市场营销统计信息中得到信息,然后分析总结,得出各项营销活动的实际结果。

(四)实际结果与绩效标准进行比较

必须将餐饮企业市场营销活动实际结果与绩效标准进行比较,以确定是否实现了预期目标。

(五)分析原因并提出改进措施

经过比较,对实际结果不理想的营销活动进行分析,找出原因。分析的方法有许多种,如因果分析法、差异分析法等。

通常,引起营销活动结果不理想的情况有以下四种:
(1)绩效标准定得太低或太高;
(2)营销人员不努力或失误;
(3)绩效标准不合理且营销人员不努力;
(4)外界不可控因素的影响。

营销人员可根据不同的情况提出相应的纠正措施,提高餐饮企业市场营销活动的实际效果。例如,我们假设某餐饮企业推销人员未能达到每桌饮品推销提升5%的绩效标准。经分析发现,不能达到标准的主要原因在于服务员的饮品推荐方法过于单一,只在点餐最后阶段询问是否需要饮品。为此,销售经理应对服务员进行推销技巧的培训,如根据客人餐点情况推荐饮品、适时展示餐饮企业创新特色饮品、餐中适度斟倒饮品等。

五、餐饮企业市场营销控制的类型和方法

餐饮企业市场营销控制程序很复杂,可以分成多种类型。这里我们主要讨论其中的三种类型。它们分别是年度营销计划控制、获利性控制和战略性控制。

表4-1 餐饮企业市场营销控制的类型

控制类型	主要负责人	控制目的	控制工具
年度营销计划控制	营销主管及中层营销人员	检查计划指标是否实现	销售分析 市场占有率分析 费用百分比分析 顾客态度分析 其他比率分析
获利性控制	营销控制员	检查企业赢利或亏损情况	通过对产品、销售区、目标市场、销售渠道及预订数等的分析而加以控制
战略性控制	营销主管及企业特派人员	检查企业是否抓住最佳营销机会,检查产品、市场、销售渠道总体情况及整体营销活动情况	营销核对清查(或称营销审计)

(一)年度营销计划控制

当餐饮企业市场营销人员制订年度营销计划后,一年中的时间都用在计划的执行上,目的是使营销计划目标如营业收入、市场占有率等如期完成。然而,餐饮企业的外部和内部营销环境是一个不断变化的动态环境,其中有些因素的变动常会影响营销计划的执行工作,因此,为了确保营销计划的实现,营销人员必须进行年度营销计划控制,如图4-2所示。

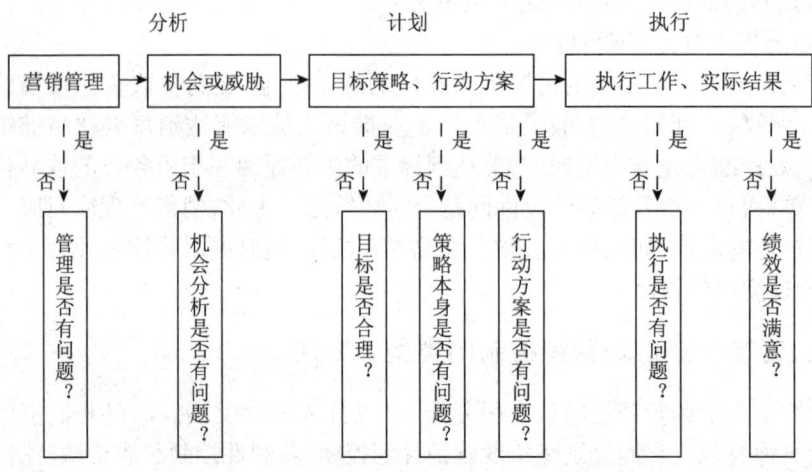

图4-2 餐饮企业年度营销计划控制

(二)获利性控制

营销人员不但要进行年度计划控制,还要对餐饮企业各种经营项目、亚市场、中间商等进行获利性控制。这种控制有利于营销人员做好产品市场开发和扩展决策,并有利于餐饮企业选择合适的销售渠道。

(三)战略性控制

战略性控制是指营销人员在餐饮企业营销战略的实施过程中,为达到长远目标先设定的各项具体阶段目标,然后通过评价阶段分目标达成后所带来的绩效(不仅仅包括获利,还包括内部建设、人员储备、社会影响等),把它与营销战略中原设定的阶段目标绩效标准相比较,发现差距,并分析产生偏差的原因,及时纠正偏差,使餐饮企业的营销战略实施更好地与企业当前所处的现实内外环境协调一致,保证企业战略性目标得以实现的控制手段。

六、餐饮企业市场营销审计

(一)法定营销审计的含义

餐饮企业都有必要经常地回顾一下餐饮企业的总体经营情况,从而使餐饮企业的经营适应变化着的环境和各种机会。餐饮企业市场营销审计是指通过定期、广泛、系统和独立的检查方式,对餐饮企业的营销环境、内部营销系统、特殊营销活动等进行整体控制。

(二)法定营销审计的特点

营销人员在进行营销审计时,应注意营销审计的四个显著特点。

1. 定期性

营销审计应按每年或每季度定期进行,而不能等到餐饮企业出现经营问题或危机时才进行。

2. 广泛性

营销审计要对餐饮企业所有的营销活动进行全餐饮企业面的核对检查,而不是仅仅对餐饮企业某些已经存在问题的营销活动进行检查。

3. 系统性

营销审计要用标准化的检查方法对餐饮企业的营销环境、内部营销系统及特殊的营销活动等进行系统的诊断。

4. 独立性

营销审计应由一组不受营销部影响的人员去独立执行。如餐饮企业决策人员可邀请餐饮企业外界有经验的专家小组来进行营销审计活动。

(三)餐饮企业市场营销审计的步骤

餐饮企业市场营销审计由三个诊断步骤所组成。第一步是对营销环境的回顾。即分析目前及将来的营销环境,它包括对市场、顾客、竞争对手及宏观环境等内容的检查。第二步是对营销系统的回顾。分析餐饮企业内部营销系统对营销环境的适应性。它包括对餐饮企业目标、策略、执行情况等内容的检查。第三步是对餐饮企业具体的营销活动进行回顾。分析餐饮企业市场营销组合的构成,特别是要对餐饮企业产品、价格、销售渠道及各种促销活动进行检查。

1. 餐饮企业市场营销环境回顾

(1)客源市场回顾

餐饮企业需要回顾什么是餐饮企业的主要市场和受众;每一主要市场还包括哪些重要次级市场;每一次级市场现在和将来的规律及特征是什么。

(2)顾客

餐饮企业需要回顾什么是顾客和公众对餐饮企业的感觉和态度;顾客怎样做出购买或选择决策;顾客现在和将来的需求和满意程度处于何种状态。

(3)竞争对手

餐饮企业需要回顾谁是餐饮企业主要竞争对手,及竞争的发展趋势如何。

(4)宏观环境(社会大环境)

餐饮企业需要回顾当地的人口、经济、技术、政治和文化等有哪些主要的发展，以及这些发展是否影响餐饮企业市场营销，如何影响。

2. 餐饮企业市场营销系统的回顾

(1) 营销目标回顾

回顾餐饮企业长期和短期的整体目标和营销目标是什么；这些目标是否清楚确切地表达出来，是否有一个明确的评估标准；营销目标是否合理，是否充分利用了餐饮企业的资源和营销机会，是否具有竞争力。

(2) 营销策略回顾

回顾餐饮企业实现目标的核心策略是什么，策略是否有较大的成功可能性；为了实现营销目标，餐饮企业是否已分配足够的营销资源，这些营销资源是否已按产品、销售区及市场等作了合理的分配；这些营销资源是否已比较合理地分配到餐饮企业主要的营销组合因素上去（如餐饮企业产品、促销、销售渠道等因素）。

(3) 营销计划执行情况回顾

回顾餐饮企业是否制订了年度营销计划；餐饮企业是否使用了标准控制程序；为了掌握各种营销活动的有效性，餐饮企业是否进行了定期的分析研究；餐饮企业是否有完善的信息系统为决策人员在进行计划和控制工作时提供各种有用的信息。

(4) 营销组织回顾

回顾是否安排了高层管理人员参与营销部门的分析、计划、执行等工作；营销部的工作人员是否胜任工作；餐饮企业是否需要对他们进行培训、激励或提升；营销人员和执行人员的职责是否明确；餐饮企业全体员工是否充分理解营销观念，及他们在实际工作中是否以此作为指导思想。

3. 餐饮企业具体营销活动的回顾

(1) 餐饮企业产品的相关问题

餐饮企业的主要产品是什么？一般产品是什么？餐饮企业是否要淘汰某种产品？餐饮企业产品现状如何？餐饮企业产品整体组合情况又如何？

(2) 价格的相关问题

餐饮企业价格是根据成本、市场需求，还是竞争因素来制定的？餐饮企业若提价或降价会使市场需求发生何种变化？餐饮企业客人是怎样理解餐饮企业价格水平的？餐饮企业是否要对临时价格进行宣传？假如这样做，效果会如何？

(3) 销售渠道的相关问题

餐饮企业销售渠道是否为餐饮企业带来更多利益？餐饮企业销售渠道是否要增加或减少？

(4) 人员推销的相关问题

餐饮企业销售队伍的规模是否足以完成营销目标？销售队伍是按何种形式组

织的？是否合理？销售队伍是否具有很高的士气和效率？销售人员的能力如何？在制定销售指标和评估实际成绩时，是否有一套正规的程序？

（5）广告、公关宣传及特殊促销的相关问题

餐饮企业的广告活动目标是什么？是否健全？广告活动所使用的费用是否适当？广告预算又如何拟订？广告的主题与文稿是否有效？顾客对餐饮企业广告的看法如何？广告媒介是否选择恰当？餐饮企业特殊促销是否有效？有无良好的公关宣传计划？

 课后练习

一、选择题

1. 根据营销战略的内容划分，以下哪种是确定餐饮企业产品和服务方向的战略，同样也是餐饮企业经营内容的根本战略？（　　）

　　A. 市场选择战略　　　　　　B. 市场竞争战略
　　C. 市场发展战略　　　　　　D. 市场领导战略

2. 目标内容不可以抽象空洞，应有可衡量的实际指标，它体现的是餐饮企业战略目标的(　　)。

　　A. 明确性　　　　　　　　　B. 层次性
　　C. 可行性　　　　　　　　　D. 科学性

3. 及时发现餐饮企业或部门在执行战略中出现的新的机会或障碍，以便利用机会，减少障碍的控制行为，是餐饮企业市场营销战略控制中的(　　)。

　　A. 目标控制　　　　　　　　B. 进度控制
　　C. 重大问题控制　　　　　　D. 预先控制

4. 营销审计要对餐饮企业所有的营销活动进行全餐饮企业面的核对检查，而不是仅仅对餐饮企业某些已经存在问题的营销活动进行检查，体现的是法定营销控制的什么特点？（　　）

　　A. 定期性　　　　　　　　　B. 广泛性
　　C. 系统性　　　　　　　　　D. 独立性

二、简答题

1. 现代餐饮企业营销战略的内容。
2. 餐饮企业营销控制的内容。
3. 营销计划包括哪些内容？
4. 餐饮企业市场营销审计的步骤有哪些？

三、案例分析

不知不觉，鹰牌花旗参进入中国内地已有 30 个年头了。从最初被健康（中国）

药业引进,到品牌日渐下行,再到2002年被健康元药业集团股份公司(以下简称健康元)收购,这只"西洋鹰"在中国市场的路越走越宽,而且变得越来越本土化。业内人士认为鹰牌的曾经败落并不在于鹰牌走高档路线,而是在于营销策略的失误。健康(中国)药业是一个港资企业,它所有的销售都由香港方面操纵,而香港方面对中国内地市场的了解不是很充分,并且没有进行恰当的本土化营销。

结合案例分析市场发展战略对企业的意义。

第五章 餐饮企业市场营销的产品策略

引 言

产品是企业经营活动的核心,产品策略是企业市场营销活动的基础。本章首先从餐饮企业产品构成层次入手,分析了不同餐饮产品层次的特点和重要性,揭示了产品设计的内容和营销方式;然后从纵向观察餐饮产品的发展阶段,明确了不同阶段下餐饮产品的营销侧重和相应策略;最后针对餐饮产品生命周期的有限性,关注餐饮产品开发和创新的营销策略。

学习目标

- 了解餐饮企业产品构成层次及特点。
- 明确餐饮企业产品设计对其市场营销的重要性。
- 掌握产品生命周期理论,并理解其对餐饮产品的现实意义。
- 掌握针对不同产品寿命周期阶段的营销策略。
- 了解餐饮产品研发与创新的关系和意义。
- 了解餐饮产品研发与创新的基本条件和参与人员的基本素养。
- 掌握餐饮产品研发与创新的一般程序和要遵循的基本原则。

关键词

核心餐饮产品、辅助餐饮产品、期望餐饮产品、附加餐饮产品、潜在餐饮产品、快速撇脂策略、缓慢撇脂策略、快速渗透策略、缓慢渗透策略、排列法、组合法、多元法、专家法、群辨法

第一节　餐饮企业市场营销的产品构成及其特点

案例导入

作为世界著名的连锁咖啡品牌，星巴克将美式咖啡文化传达给了整个世界。圣诞节文化一向是其文化中的活跃元素，只有在圣诞前后，星巴克圣诞款咖啡才会出现在星巴克的产品餐牌中。很多圣诞款咖啡的偏爱者，都会对每年的这一时段非常期待。

2011年圣诞节前夕，香港星巴克推出了全新圣诞系列饮品。除了每年佳节经典——拖肥果仁鲜奶咖啡（太妃榛果拿铁）及姜汁鲜奶咖啡外，更特别推出创新口味红莓白朱古力咖啡。红莓白朱古力咖啡由浓郁香甜的白朱古力融入香醇的特浓咖啡及幼滑的鲜奶调配而成，再加上红莓酱和红莓糖粒，洋溢着圣诞节日气氛。除了星巴克圣诞饮品外，佳节特殊供应已经扩展到星巴克圣诞综合咖啡豆、星巴克圣诞限时供应甜品、圣诞限量杯等产品内容。

请分析：星巴克不断推陈出新的圣诞系列产品是餐饮企业产品构成层次中的什么层次？

一、餐饮企业产品构成层次

产品是企业经营活动的核心，产品策略是企业市场营销活动的基础。市场营销4P组合是以产品策略为核心的。任何企业都以产品策略作为价格策略、分销策略和促销策略的基础，餐饮企业也不例外。餐饮企业生产与社会需要的统一是通过其提供的产品来实现的。餐饮企业与市场也主要是通过其产品或服务联系在一起。

从某种意义上讲，餐饮企业成功与发展的核心在于企业提供的产品是否满足了消费者的需求与其产品策略正确与否。餐饮企业产品策略是餐饮企业在明确了企业能提供什么样的产品和服务去满足消费者的要求后，有的放矢地去制定经营战略，并妥善地解决产品中的问题的经营策略。

餐饮企业市场营销中的餐饮企业产品是指餐饮消费者在整个用餐过程中所需产品和服务的总和。

餐饮企业产品由满足消费者的某种需求的有形产品和无形服务两部分构成。餐饮企业产品的有形产品部分往往包括餐厅的环境布陈和设施、餐饮生产和服务设施、餐品和饮品等。餐饮企业的无形服务部分是餐饮企业依托有形产品向消费者提供的各种辅助用餐服务。如点餐服务、餐品加工服务、送餐服务、用餐服务、结账服务等。显而易见，为保证餐饮消费者享受到满意的用餐全过程，餐饮产品中的有形部分和无形部分同等重要,互为补充,缺一不可。餐饮产品的有形部分和无形部分共同构成了完整的餐饮产品。

完整的餐饮产品的构成要素根据与餐饮消费者需求的紧密性又可分为五个产品层次。餐饮产品五个层次的排列由内层到外层依次进行,越内层的越基本,越具有一般性,越外层的越能体现产品的特色。餐饮企业市场营销管理者应该理解酒店产品的五个层次(图5-1)并对其进行运用。

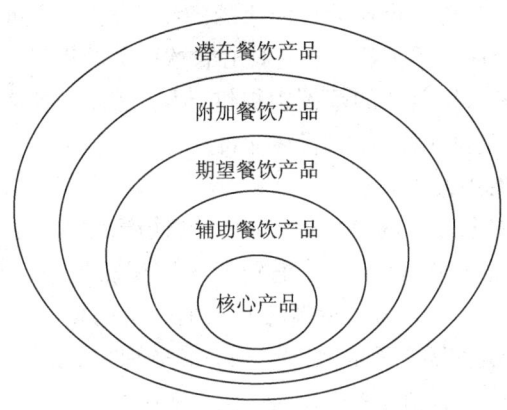

图5-1 餐饮产品的层次

(一)核心餐饮产品

核心餐饮产品是无差别的餐饮顾客真正所购买的服务和利益,实际上就是餐饮企业对顾客需求的满足。也就是说,餐饮产品是以客户需求为中心的,因此,餐饮产品的价值,是由顾客决定的,而不是由餐饮企业决定的。核心餐饮产品是餐饮消费者用餐过程中最基本、最重要、最直接接触到的产品和服务内容。通常情况下,核心餐饮产品由餐品菜肴、酒水饮料和现场服务构成。消费者对用餐的满意与否主要通过对三者组合形成的用餐经历的判断产生。这三者中的任何一项都直接影响着消费者对餐饮企业的形象定位,它们也往往是一位忠实顾客选择自己偏好的餐饮企业的最核心判断标准。三者中的任何一项出现明显的纰漏对餐饮企业的危害都是直接且迅速的。所以,当一个餐饮企业寻找自身产品营销问题时往往从这三方面入手剖析自身存在问题。

核心餐饮产品也往往是餐饮企业核心竞争力之所在。"酒香不怕巷子深"便是传统餐饮营销中对核心餐饮产品质量的推崇。身在僻静酒庄或里弄小巷中的米其林三星或百年餐饮老字号却不乏追慕者的探访正是对核心餐饮产品重要性的证明。

（二）辅助餐饮产品

没有完备的餐饮加工设施很难有良好的菜品，没有优秀的饮品采购储藏也往往难以保证良好的饮品质量，优秀的现场服务也需要必要的用餐环境和用餐氛围的营造。核心餐饮产品是在一系列的辅助餐饮产品的支撑下产生的。所有产生核心餐饮产品过程中不可忽视的辅助生产和服务都被称为辅助餐饮产品。

辅助餐饮产品也是餐饮企业无可回避的产品组成，是不可或缺的部分。一旦缺失就会影响餐饮企业的正常运行和对核心餐饮产品的提供。如餐具清洁服务往往并非在餐饮消费者目所能及的范围中提供，但它是合格餐饮菜肴提供不可缺少的支撑服务，是餐饮企业无法删减的服务内容。

（三）期望餐饮产品

期望餐饮产品并非核心餐饮产品和辅助餐饮产品的简单叠加。餐饮消费过程整体上是一次用餐体验，要与餐饮消费者的期望相比较。期望餐饮产品是餐饮企业排除前面两层产品后为尽量迎合餐饮消费者的期望并结合自身企业品牌设定及资源能力，通过装潢、音乐、灯光、菜品服务项目、服务设备、服务人员等手段营造出的给餐饮消费者留下特殊用餐体验的氛围、情趣、风格、特色等抽象餐饮消费产品元素。而这些特色产品层次也正是餐饮企业与竞争者有利区分的重要依托。

（四）附加餐饮产品

附加餐饮产品是餐饮企业为进一步完善餐饮产品或为追求更高产品收益而在核心餐饮产品和辅助餐饮产品之外附加的餐饮产品和服务元素。附加餐饮产品的增设可能会为餐饮企业的产品营销增添动力，但并非是餐饮企业不可或缺的部分。

如很多餐厅为吸引消费者会在用餐区开辟一块简单的产品加工展示区，让消费者在观摩餐饮加工的过程中对产品的质量更有信心；有的特色餐厅提供演出为席间助兴；一些餐饮企业的特殊节庆的额外促销等。面对餐饮消费者需求的多样化，越来越多的餐饮企业通过对附加餐饮产品的开发来增强产品特色、附加价值和竞争力。

（五）潜在餐饮产品

潜在餐饮产品是尚未被餐饮企业开发出来，或已经开发出来，但因为受欢迎程度、生产能力、资金限制等因素制约而未被大量开发的餐饮产品项目。我们看到很多餐饮机构为周边居民提供外卖形式的产品，但可能受人员限制并未开发送餐服务，短期内也不打算设立送餐服务。很多餐厅设计精美，并陈列漂亮的装饰艺术品，参观价值显而易见，但开发参观项目的餐饮企业却十分稀少。

二、餐饮产品的构成要素

（一）地理位置

餐饮企业地理位置的好坏意味着其可进入性与交通是否方便以及周围环境是否良好。有的餐饮企业位于市中心、商业区，也有的位于风景区或市郊，不同的地理位置构成了餐饮企业产品某些不同的内容。如交通条件良好、有充足的停车位的餐饮企业的经营覆盖范围可以得到有效扩展。

（二）用餐空间

餐饮企业用餐空间的式样会影响顾客对餐饮企业的选择，所以，餐饮企业的用餐空间也成为餐饮企业产品的构成要素之一。要补充的是现在一些餐饮企业不必提供用餐空间，如单一外卖经营企业。

（三）设施设备

包括餐桌、餐椅、用餐工具、送餐工具等，餐饮企业设施从不同侧面展示了餐饮企业的类型、规格、风格，同时也限制了餐饮企业的接待量。餐饮企业设施是餐饮企业产品的一个重要组成部分。

（四）餐饮产品及服务

包括餐饮产品和服务的内容、项目组合、方式、态度、速度、效率等，各种餐饮企业的产品和服务种类、水平是不可能完全相同的。

（五）价格

价格既表示了餐饮企业通过其地理位置、设施与设备、产品和服务、形象等给予客人的价值，也表示了客人从价格了解产品的不同质量。

（六）氛围

餐饮企业的硬件和服务人员的行为共同构成了餐饮企业的氛围，并直接影响顾客的消费行为。

三、餐饮企业的产品特点

餐饮企业的产品特点可从餐饮产品生产、销售和服务的不同角度去分析。这里所说的餐饮企业的产品特点是餐饮企业对消费者服务时所具备的普遍特点。

（一）餐饮产品质量的脆弱性

餐饮产品的核心部分是食品、饮品部分，原料大多为鲜活食用原料，容易腐坏变质，即使是各类干料，与工业产品相比保质期也较短，且要求良好的保存条件。这就造成了菜点成品的色、香、味、形等质量现状非常脆弱。很多菜品，随温度变化，其风味会发生变化，色、形也难以维持，即使再次加工也无法恢复原料的风味。餐饮产品质量的不稳定和脆弱性极大地限制了餐饮企业的营销。

(二)餐饮产品的生产、销售、服务与消费的同步性

餐饮产品质量现状的脆弱性决定了餐饮产品的生产和经营方式的特殊。大多数餐饮实物只能在餐饮消费者点单后、消费前很短的时间内进行最终加工生产,也就是要生产、销售、消费几乎同步,不可分割。而这也造成了餐饮产品在销售上又呈现出了以下两个特点:①销售量受场地大小的限制;②销售量受营业时间的限制。

同时,餐饮产品的服务部分更是餐饮服务员与餐饮消费者的互动过程,是在用餐过程中才能进行的,而且贯穿整个用餐过程。

(三)餐饮产品的差异性

餐饮产品的生产仍是劳动效率较低的手工技能性劳动占主体,其质量依托生产服务人员的操作水平,所以自然会受到厨师的技术水平,服务人员的工作态度、服务技能、精神状态等多种因素的影响。不同的生产服务者提供的餐饮产品和服务质量是不同的,即使是相同的生产服务者提供的餐饮产品和服务质量也不可能完全一致。这便造成了餐饮产品的差异性。

(四)餐饮产品的复杂多样性

餐饮产品的复杂多样性表现在三个方面:

1. 餐饮产品种类繁多,形式与内容丰富

不同的餐饮企业会提供不同档次、不同口味、不同风格的餐饮产品来满足餐饮消费者纷繁多样的需求。即使仅是一家餐饮企业的餐饮菜单往往也包含了几十种不同的菜品饮品,相同的菜品通过不同的厨师加工、不同的服务者提供又会产生区别。伴随着餐饮体验越发被消费者重视和烹饪技术的发展,餐饮产品的创新,无论在内容或形式上都得到了极大丰富。

2. 餐饮服务工作难度大

由于不同的餐饮消费者年龄、性别、民族、地域、职业、文化背景、性格各自不同,他们的餐饮习惯和爱好也各不相同。因此,即使是同一种餐饮产品服务,不同的客人也有不同的评价。

3. 餐饮产品的生产环节多,管理难度大

餐饮产品的生产流程包括了从菜品开发、菜单设计、原料采购、厨房生产、餐厅服务直到结账送客等众多环节。这些环节虽然内容迥异,但却连贯性强,只有相互协调,才能保证产品质量。在餐饮企业管理上,成本内容琐碎、繁多、控制难度大,后台人事、财务、安保管理复杂,这些都体现了餐饮产品的复杂多样性。

四、餐饮企业产品设计对市场营销的重要性

在如今竞争激烈的市场环境中,产品设计在餐饮产品营销中扮演了非常重要

的角色。它不仅关系到餐饮产品材料的选择,人员的配备等经营实操问题,新奇、优质、合理搭配的餐饮产品更是餐饮企业满足餐饮消费者的首要因素,因此餐饮企业必须注重餐饮产品设计。

一项成功的餐饮产品设计,应满足多方面的要求:有市场发展趋势方面的,有经济效益方面的,也有制造工艺方面的。

(一)市场发展趋势的要求

设计和试制新的餐饮产品,必须以满足市场发展趋势为前提。这不仅包含眼前的餐饮市场需求情况,而且要看到较长时期的市场需求发展趋势。为了根据市场发展趋势,开发令顾客满意的餐饮产品,对市场趋势的清晰把握和对产品的创新同等重要。

餐饮市场需求不是一成不变的。每次餐饮市场需求的转变对餐饮企业都既是机遇又是考验。回顾我国的红酒需求市场,从最早期几乎不含多少葡萄成分的香精色素勾兑酒,到现在干型葡萄酒成为市场增长热点,尤其进口干红葡萄酒被广大葡萄酒消费者追捧,显然早期的产品基本上已经丧失了市场生存力。

对餐饮市场趋势的把握来自对长期经验的积累。这些经验可以是自己长期摸索的第一手经验,也可以是广泛搜集的竞争对手与相关企业的二手资料。只有通过长期积累才可能正确预估市场趋势发展,并迎合趋势调整或创新产品内容。

(二)经济效益的要求

餐饮产品设计的主要目的是在满足市场不断变化的需求基础上获得更好的经济效益。好的餐品设计可以解决用餐客人所关心的各种问题,同时,好的餐饮产品设计也可以节约餐饮产品生产中的各种耗费,提高生产率,降低成本。

所以,餐饮企业在设计餐饮产品结构时,一方面要考虑产品的功能、质量与市场需求的对称性,以为企业赢得更多的顾客需求和经济收益为目标;另一方面要顾及原料和制造成本的经济性,结合餐饮企业自身生产优势和所处地位,如采购、储存、加工、供货终端等情况,合理、灵活选用生产材料、生产方法、批量等,有效降低生产成本。

(三)制造工艺的要求

伴随着现代科技对餐饮业的影响,餐饮产品的设计必须重视对先进技术和设施的选用。冷冻食品工艺、巴氏消毒、ISO9000标准,早已是餐饮行业耳熟能详的名词。营养学、有机食物的推广普及使消费者对餐饮产品提出了更高要求,而食品安全的反面案例更迫使现代餐饮消费者越来越注重对餐饮产品选用、消费的讲究和科学。现代科技的注入让餐饮企业有更多可能提供更优、更多样的产品,新的设施设备也有利于餐饮企业在生产率、加工水平和产品品种方面的提升。

第二节 餐饮企业市场营销的产品生命周期策略

案例导入

"东方既白"是连锁快餐帝国百胜餐饮集团旗下的第一个中式快餐品牌，是肯德基、必胜客的兄弟品牌。它完全采取肯德基的运营标准，把美味食品、快捷服务和舒适环境融为一体。直至今日，东方既白在中国市场的扩张仍在稳步进行，只是其知名度仍明显远远低于肯德基、必胜客这些兄弟品牌。如果说肯德基、必胜客是成熟品牌杀入中国市场，再适应性调整，东方既白则显示了一个大型餐饮连锁品牌从无到有、从一地到全国扩张的成长过程。

2004年5月，东方既白第一家店在上海大华低调开业。当时，人们并不知道这家橘色的中式快餐店和肯德基的关系。对此，百胜集团解释这种低调是故意的。大华东方既白是家试营店，由于中式快餐是前所未有的尝试，百胜特意借此了解市场、完善运营模式，培养团队。2005年，东方既白试营店结束营业，第一家正式门店在徐家汇美罗城开张。开在兄弟餐厅肯德基、必胜客的旁边，不无借势宣传、树立品牌信心的考量。此后东方既白并未急于向其他城市扩张，直至2008年东方既白才正式走出上海。2008年，东方既白进驻了北京首都国际机场3号航站楼（目前因合约到期暂时关闭），并在广州天河城广场开出华南地区第一家分店，宣告正式进入华北、华南中式快餐市场。

从2004到2008年，东方既白都在做什么？在此期间，它在上海建立了十几家连锁店，在经营中首先检验了自己90秒向客人提供标准化中式快餐服务的可能；解决了中餐较难达到的美食口味标准化难题；摸索在快餐原料供货链和物流配送网方面的良好模式，并通过实践获得了一个最佳运送温度和时间。在经营中东方既白不断完善菜单、丰富菜单，尽量协调中餐创意和机械标准生产的难题。百胜的产品研发部每年要为东方既白推出几十种新品。在产品的选择上，不仅仅是从销售量上判断，还要根据上海各东方既白分店店长反馈的顾客信息和销售数据，调整产品的配料和烹制方法，甚至是产品的去留。至2007年末，百胜集团才认为已经是时候在每家东方既白门店的醒目位置，打上"肯德基标准"的字样。2007年10月末，电视上才出现第一支东方既白的广告，穿着橘色工作服的年轻人微笑着端出各种中式食物，轻快明亮的旁白宣告这是"以肯德基标准打造的中式快餐品牌"。

请分析：东方既白2004至2008年的发展正处在产品寿命周期的哪个阶段？该阶段有什么特点？相应应使用怎样的发展策略？之后的发展阶段中你有哪些建议？

一、产品生命周期理论对餐饮产品的现实意义

(一)产品生命周期理论

产品的生命是有限的。产品生命周期(Product Life Cycle),简称PLC,是指一种产品从试制成功、投放上市开始到被市场淘汰退出市场所经历的时间。一般可分为四个阶段,即导入期、成长期、成熟期和衰退期。

产品的生命周期理论又称为市场生命阶段发展理论,生命周期是任何产品都无法逃避的,餐饮产品亦不例外。餐饮营销策略由餐饮企业产品和服务所在的生命周期位置决定,餐饮产品和服务在生命周期的不同阶段,企业应采取不同的营销策略。反过来,这些策略也会影响产品在后来阶段的市场情况和利润。良好的营销策略会延长餐饮产品及服务的生命周期,因为营销策略越好,市场占有率就越高,产品的生命周期就越长。同时,产品生命周期的成熟期越长,销售量和利润就越大。由于营销策略与产品生命周期紧密相关,因此,用产品生命周期理论指导餐饮企业的市场营销策略能有效地帮助餐饮企业延长产品及服务的寿命周期,实现高额利润目标。

(二)产品生命周期各阶段及现实意义

(1)导入期:指产品从设计开发到投产直到市场试销阶段。在这个阶段,餐饮消费者面对的是新的餐饮产品,如新的餐厅、新的菜单、新的套餐甚至一个新的菜品,他们对产品不熟悉,因而会呈现以下特点:

①试销阶段新产品和服务的需求尚不稳定,生产量较小;

②大量资金用于新产品宣传,成本较高,企业负担较大,通常没有利润,甚至亏损;

③人们对该餐饮产品和服务尚未接受,会尝试、观望,销售增长缓慢;

④辅助、附加产品和服务内容开发尚不完全,产品和服务的搭配也较单一,产品品种少;

⑤市场上的模仿、跟随型餐饮产品和服务还没形成,市场竞争小。

在导入期,餐饮企业营销策略的重点是如何让产品快速进入成长期。

(2)成长期:指新产品通过试销期,经过观望、尝试、比较后,消费者逐渐了解新的产品,进而接受了新产品,产品在市场上站住脚并且拥有了一定的购买群的阶段。在这个阶段,餐饮产品及服务的产量不断增长,工艺装备和各种专用设备全部投入生产线,销售量增长较快,企业开始有较多的利润。这一阶段的餐饮产品和服务往往具备下列特点:

①开始大批量生产餐饮产品和服务,且规模生产让成本降低,餐饮企业利润迅速增加;

②餐饮产品和服务销量上升较快,受到市场认同,加之商品和服务本身及辅助商品和附加商品部分的完善和增加,价格也有所提高;

③经济利益的显现使得模仿生产同类餐饮产品和服务的竞争者开始出现。

在成长期,伴随着餐饮产品和服务销量的扩张势态,餐饮企业营销策略的重点是如何最有效地扩大餐饮产品和服务的销售量和市场占有率。

(3)成熟期:指产品进入大批量生产并进入稳定的市场销售的阶段。在此阶段,产品的市场影响已经形成,并且已经被市场潜在的购买者接受,但产品需求趋向饱和,是销售增长缓慢的时期。这一阶段的餐饮产品及服务的特点主要有:

①经过成长期的积累,这期间的餐饮产品及服务购买者一般较多;

②伴随着餐饮产品及服务普及,餐饮企业的生产趋向标准化;

③餐饮产品及服务的销售数量相对稳定;

④伴随着餐饮产品及服务的成熟,以及产品开发、改进和宣传的费用的减少,在此期间产品及服务成本低、产量大;

⑤生产同类餐饮产品及服务的企业在产品质量、花色、品种、规格、包装、成本和服务等方面的竞争加剧。

⑥为了维持产品的市场地位并对抗竞争,营销费用日益增加,利润只能保持稳定或利润开始下降。

成熟期的营销策略重点是如何扩大销售量以及如何保持现有的市场占有率和延长产品生命周期的成熟期时间。餐饮企业在这一阶段,不应满足于保持既得利益和地位,而要积极进取,争取稳定市场份额,延长产品市场生命。

(4)衰退期:指产品走向被市场淘汰的阶段。在此阶段,产品的销售量快速下降,利润也不断下降。在此期间,餐饮产品和服务在市场上已经不能很好迎合市场需求的变化,市场上已经有其他性能更好、价格更低廉的餐饮产品和服务满足消费者的需求。此阶段餐饮产品和服务市场的特点是:

①餐饮产品和服务已经不能很好迎合消费者的需求,造成的销量和利润锐减;

②由于市场需求下降,餐饮产品和服务价格显著下降,预示着该产品即将退出市场。

在衰退期,营销策略的重点是在尽量不影响企业利润的情况下将餐饮产品和服务撤出市场。

二、不同产品生命周期阶段的营销策略

产品生命周期分为四个阶段,各生命周期阶段的不同特点,决定了各阶段营销目标的不同,餐饮企业只有针对餐饮产品和服务寿命周期的位置,制定相应的营销策略,才能延长产品的寿命周期,增加企业利润,实现企业的营销目标。

(一)导入期的营销策略

在导入期,新餐饮产品和服务首次被导入经销商的渠道,全新品牌或产品毫无市场影响力,造成促销费用高,销售成长缓慢。这个阶段的餐饮企业在餐饮产品和服务前景不明的情况下,生产能力不能急于扩展,少量的生产无法带来规模经济,成本难以控制。同时,餐饮企业要面对在试销中暴露的有待解决的各种技术问题。在销售方面,由于尚未建立良好的顾客销售终端,餐饮消费者有时受到购买不便的限制,情愿放弃尝试新的餐饮产品和服务。在餐饮消费者方面,因为不愿改变既定的餐饮习惯,尝试新的餐饮产品和服务的行为也会受到限制。在这个阶段,餐饮产品和服务的市场号召力不足,只有少数潜在购买者。

在这种情况下,餐饮企业的着眼点应是广泛宣传,大力推销,建立新餐饮产品和服务的美誉度,吸引潜在餐饮消费者的注意和试用。同时,餐饮企业应争取打通分销渠道,方便消费者的了解和购买。此阶段营销策略的重点在:

(1)突出宣传,针对餐饮消费者对餐饮产品及服务不认识或不熟悉的问题,通过大量的广告进行产品宣传,建立产品信誉,设法使人们对餐饮产品及服务产生兴趣,并去尝试熟悉,使自己经营的餐饮产品及服务在市场上站得住脚。这一阶段餐饮企业要充分做好宣传费用的预算。

(2)利用现有产品辅助拓展新餐饮产品及服务销路,用名牌产品提携新产品。如有的餐厅在畅销的餐品系列中推出新的口味选择;有的乳品公司在自己的原有品牌产品基础上开发同品牌的高端品质乳品。

(3)采取试用的办法,如品尝、试吃,这些办法在餐饮产品的销售终端较易看到,如超市中新推出的餐饮商品在销售中的有效宣传便包括现场加工试吃。

(4)对经营产品的批发、零售或其他类型后续经销企业加大折扣,刺激中间商积极推销。如夏季在某些餐厅选择配餐啤酒时,服务员会主动推荐某一品牌或某款啤酒。

餐饮企业在导入期的市场营销策略旨在追求在最短的时间里向消费者推出尽可能多的新产品和服务,打造新产品和服务在消费者心中的美誉度,快速通过导入期,进入成长期。餐饮企业可以从以下四种营销策略中根据企业自身资源匹配情况和经营情况进行适当的选择。

(1)快速撇脂策略

在这种策略下,餐饮企业可以用高价和高促销水平的方式推出新产品。高促销水平带来的是潜在顾客对产品的快速熟悉。高价格使企业在这一阶段对产品的定位是追求单位销售量中的赢利能力,而非薄利多销。这种策略适用于定位提供较高层次餐饮产品并且有能力进行大规模宣传的餐饮企业,这样可以快速打开销路,占有市场。

(2)缓慢撇脂策略

餐饮企业以高价和低促销水平的方式推出新产品的策略。促销是新产品进入市场时不可忽视的成本组成。低促销可以降低新产品的投入成本，降低企业承担的风险，在餐饮企业推出较高市场定位产品和服务却不愿承受较高风险的情况下较为适用。例如有的酒店推出零星新款高端菜品只为迎合少部分餐饮消费者的消费搭配需求，销量预测不会很大，但一旦被消费者选择就可以追求单位销售量中的高盈利。

(3)快速渗透策略

餐饮企业以低价格和高促销水平的方式推出新产品和服务。使用这种策略的餐饮产品和服务在不同企业间的区别不大，价格和利润也不高，所以促销时容易得到消费者认可，形成习惯购买，使餐饮产品和服务以最快的速度进入市场。后来者由于产品特色上区别不大，同时价格上也较难提供明显优惠，所以竞争优势较少。

(4)缓慢渗透策略

以低价格和低促销水平的方式推出新产品的策略。餐饮产品和服务定位为以物美价廉的良好形象为核心竞争力时，可能面对的是竞争激烈的市场。自身实力较为有限的餐饮企业适合以这种策略打开销路，取得经济效益。

(二)成长期的营销策略

成长阶段的特点是销售量迅速增加，且由于大规模生产和利润机会的吸引，新的竞争者开始出现。在这一时期，餐饮企业的营销目标是增加销售量，维持市场的成长和市场占有率。同时，餐饮企业必须保持良好的产品质量和服务质量，切勿因产品畅销而急功近利，片面追求产量和利润。为了促进市场的成长，餐饮企业可以采取以下营销策略：

(1)进一步规范餐饮产品质量并完善新产品的特色和式样，根据消费者需求增删搭配辅助、附加产品内容；

(2)增加新式样和侧翼产品；

(3)扩充目标市场，积极开拓新的细分市场；

(4)为消费者创造购买产品和服务的方便，增加新的销售服务终端或加强分销渠道；

(5)广告宣传的重点从建立餐饮产品和服务的美誉度转向对厂牌、商标的宣传，使人们对产品产生好的印象，产生对产品的偏好；

(6)在适当时通过降低价格、提供折扣等，吸引价格敏感的购买者。

(三)成熟期的营销策略

餐饮产品和服务的销售增长率在达到某一点后必然会放慢步伐，并进入相对的成熟阶段。从企业的利润和销售量在产品的生命周期中的变化来看(图5-2),利润主要出现在产品的成熟期。因为在成熟期,餐饮产品和服务已经较为完善,市场认知程度已经较饱和,产品开发和宣传方面的成本也随之降低。同时,伴随着成熟期带来的规模生产,从原料采购到生产成本都在降低,营销费用与销售收入的比例也在降低,利润稳定增长。餐饮企业从利润的角度出发,实施营销策略的目标应该是尽量延长餐饮产品和服务的成熟期,大量收回在导入期投入的成本。

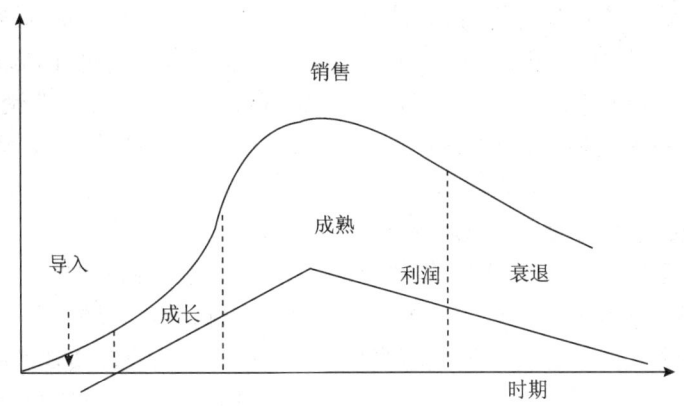

图5-2 产品生命周期与利润变化

为了达到这一目标,餐饮企业会千方百计稳定目标市场,保持已有的消费者,期望使消费者"忠于"其产品。同时,餐饮企业会增加产品和服务的系列,使产品多样化,增加搭配、规格,提高档次,扩大目标市场,至少争取维持原市场占有率。

成熟期一般长于导入期和成长期,换而言之,产品大多数时间处于成熟期。在成熟期,餐饮产品和服务产量不断增加,质量不断改善,服务日趋完善,但也相对较易被模仿,大量竞争者出现,侵蚀餐饮企业原有市场占有率。因此,营销策略的管理难点也处于这一时期,可以通过多种营销策略来促进销售增长。

1. 目标市场方面

餐饮企业可以通过努力扩大产品及服务适用的目标市场来提高销售量,如某素食品牌从素食消费者市场扩展到高血脂、心脑血管病人餐饮消费市场,其进入新的细分市场后,就有可能争取竞争对手的顾客,增加自己产品和服务的消费者数量。另外,可以通过增加消费者的消费频率来提高餐饮产品和服务的销售量,如有些餐饮企业馈赠限定了期限的消费抵用券或消费折扣券便有可能提高期限内消费者的消费频率。

2. 产品方面

餐饮企业可以通过提升产品和服务的质量,吸引注重产品的口味稳定性、服务可靠性的餐饮消费者,进而增加销售量。餐饮企业还可以改进餐饮产品和服务的特点,如规格、食材、调味、烹饪技法;改变产品的式样,增加产品的美学诉求;根据消费者需求人性化调整服务时间;提供服务和产品的不同搭配;提高顾客获得产品和服务的方便性等。以上措施有利于餐饮企业建立市场领先地位,有利于赢得细分市场已有消费者的忠诚,并且可以进行免费的公众化宣传。

3. 营销组合方面

餐饮企业可通过分析价格、分销、广告、销售促进、销售人员、服务等各因素对销售的影响,改进营销组合刺激销售。餐饮企业可以用超过促销预算60%的经费来支持对成熟产品的促销活动。通过市场改进、产品改进、营销组合改进,可能增加产品的销售量,但顾客不一定满意或接受产品的改进,且竞争者容易模仿。

(四)衰退期的营销策略

这个时期餐饮产品和品牌销售都会衰退,这主要是因为技术进步、消费者口味的改变、国内外竞争加剧等因素导致生产能力过剩、销价竞争增加和利润被侵蚀。对大多数餐饮企业来说,这个时期应当机立断,弃旧图新,及时实现产品的更新换代。在产品衰退期,企业可以运用以下五种营销策略:①增加餐饮企业的投资,使自己处于有利的竞争地位;②在未解决餐饮行业的不确定因素前,企业应保持原有的投资水平;③有选择地降低投资态势,抛弃无希望的餐饮消费群体,同时加强有利可图的餐饮消费者需求领域的投资;④不顾对投资结构产生的后果,从企业的投资中获取巨利,以便快速收回现金;⑤尽可能使用有利的方式处理相关资产,迅速放弃处于衰退期业务。

三、营销策略对产品生命周期的影响

完美的营销策略能延长产品生命周期,影响产品的生命周期中的各阶段的比例。优秀的营销策略的作用体现在以下几个方面:①能让产品迅速由导入期进入成长期,减少营销费用和销售额的比率;②在成长期能迅速抢占市场,阻止潜在竞争对手进入同类产品市场或替代产品市场;③在成熟期能保持现有的市场占有率,并能争夺竞争对手的现有用户和潜在用户,打压竞争对手,延长产品的成熟期;④在衰退期,迅速退出市场,尽快回笼资金,用于新产品的开发设计。运用不好的营销策略,则效果就恰恰相反。

因此,我们应该利用产品生命周期理论,展开有效的餐饮企业营销策划。在产品开发过程中,大量运用广告宣传等营销手段,进行大范围的餐饮产品和服务宣传,介绍新餐饮产品的功效,为新餐饮产品的市场推出造势,吸引市场的潜在消费者的注意,为新餐饮产品推出后的销售做准备。在新餐饮产品推出后,把新餐饮产品送给分销商,并摆设产品柜进行展览,给消费者形象化的介绍,增强产品给消费者的感官感,吸引更多消费者的注意。在产品大量出产后,营销策划的重点是大量配送新餐饮产品给分销商和代理商,处理好与分销商和代理商的关系,让他们把新餐饮产品大量摆上货架,并主动向消费者推荐使用新餐饮产品,协助生产企业的营销活动。产品的销售大量增长后,需继续扩大市场,不停地开发新市场,最大化地抢占市场,吸引和争夺竞争者的消费者和潜在消费者,并注重产品的品牌效应,把产品的功效和优势凸显出来,打造强势的品牌,延长产品的生命周期。在产品生命周期的衰退期,要尽快处理积压产品,并做大量产品宣传,营造产品的销售优势,并迅速处理产品的生产线,迅速回笼资金,开发新餐饮产品。

第三节　餐饮企业市场营销的产品开发与创新策略

案例导入

中国北京全聚德集团有限责任公司自 1993 年成立以来,通过实施品牌战略,不断坚持改革与创新,取得显著成效。集团公司发挥老字号品牌优势,强化精品意识,实施正餐精品战略。

说到全聚德,人们首先会想到的便是烤鸭,但单一的烤鸭供应无法迎合用餐顾客多样化的需求。全聚德为博采众长,让厨师们开阔视野,增长见识,吸取各方烹饪名家的精华,总厨师长率领厨师队伍主动走向市场,搞市场调研,研究菜品创新与新菜品的开发。他们曾先后到川、鲁、粤、本帮菜的发源地学习观摩,开发出不少既富有全聚德传统特色,又融入现代烹调技艺的创新菜品。

需求市场是主观的,不能因为供给市场具有特色就抛弃需求市场。伴随着越来越多的西方美食爱好者对全聚德菜品尤其是烤鸭的推崇,在全聚德前门店常有大量的欧洲团队客人。欧洲客人不喜欢吃大葱、动物内脏,而这两样正是吃正宗烤鸭必不可少的。为符合西方人口味,适应这些客人的口感,他们创新了老店烧鸭这道创新菜,弥补了传统全鸭席多以鸭内脏为原料的局限性,丰富了全鸭席的种类,使其成了全聚德新的名菜,且销售额也很可观。全聚德前门店菜品的中西结合,创新出不少受外国人欢迎的菜肴,如菜包雀巢明虾粒,其内盛虾粒、松仁等,外裹生菜叶,食用方式带有鲜明的西方餐饮特色。

请分析:结合案例谈谈全聚德产品研发与创新的意义。

餐饮企业要在激烈竞争的市场中获胜,就必须努力改善自己的经营思路,提高餐饮产品研发与创新的能力和速度,不断推出新餐饮产品,以提高自己的竞争力。

一、餐饮产品研发与创新的关系

(一) 餐饮产品研发

餐饮产品需求的复杂性和主观性决定了餐饮需求的千变万化,不可能被餐饮供给完全包罗。同时,绝大多数餐饮消费者对新餐饮产品都是可接受的,部分的最早采用者和早期采用者更是对餐饮产品的研发创新充满期待。具体的餐饮产品和服务项目发展也逃不开产品生命周期理论的束缚。所以,餐饮产品研发是餐饮企业的活力和竞争力的重要来源和保障,与餐饮企业的发展息息相关。

餐饮产品的研发,即根据餐饮市场信息反馈,采用新的原料、新的烹饪技法,开发市场中具有发展潜力,符合当代人营养饮食观念和口味需求的新的餐饮产品和服务,填补市场需求空缺;或通过原料替代、烹调技法的改进对传统菜点进行改良和完善,使改进后的菜点在口感上、外形上具有新的风格;或在原有菜品和服务内容上进行重新搭配或根据消费者需求增添、删减辅助、附加产品和服务内容。

(二) 餐饮产品创新

创新,指人类为了满足自身的需要,不断拓展对客观世界及其自身的认知与行为的过程。具体讲,创新是指为了一定的目的,遵循事物发展的规律,对事物的整体或其中的某些部分进行变革,从而使其得以更新与发展的活动。餐饮产品创新是经营者抓住市场的潜在机会,以获取商业利益为目标,满足顾客对餐饮产品和服务的实用性、安全性、经济性和市场价值的需要,从而推出新的餐饮产品,如新菜点、新服务、新环境等,它的实施是包括企业的市场定位、企业文化、企业特点和消费者的心理需求等一系列要素的组合。

二、餐饮产品研发与创新的意义

餐饮产品研发与创新是餐饮企业在激烈竞争中赖以生存和发展的命脉,它对企业产品发展方向、产品优势、开拓新市场、提高经济效益等方面起着决定性的作用。

(一) 满足消费者不断变化的饮食需求

现代社会中,人们的物质文化生活水平在不断提高,而且生活习惯、行为方式以及对待人生的态度较传统也发生了极大的转变,更多的人愈来愈重视饮食活动的便利、保健及精神享受等方面的功能。因此,餐饮消费者对餐饮市场提供的菜点种类和质量的需求也在不断地变化,期望餐饮市场不仅能够出现更多更好的新菜点,同时还对新菜点的许多附加细节提出了更高的要求。例如,人们不仅对菜点成品的色、香、味、形更加挑剔,同时也更注重在饮食过程中合理搭配营养。除此之外,还有人对菜点的口感、文化内涵甚至盛装菜点器皿的种类与造型都提出了一定的标准,因而对菜点产品各个环节进行开发与创新,正好迎合、满足了这些不断提高、不断变化的饮食需求,对于餐饮市场繁荣稳定地发展起到了重要的推动作用。

(二)营造餐饮企业竞争优势,提高企业竞争力

如今的餐饮市场竞争日益激烈,企业要想在激烈的竞争中立足生存、发展壮大,就必须营造自己的竞争优势,提高企业的竞争能力。树立企业竞争优势的途径有许多,餐饮产品研发就是其中之一。通过求变求新,餐饮企业可以推出具有自身独特风格的新菜点,并在一段时期内保持这种独特性和领先性。这样,企业就可凭借新菜点的独特性,在竞争中获得一定的他人无法比拟的竞争优势,并在市场竞争中处于领先的地位。

(三)提高企业经营效益

餐饮产品研发与创新能够树立餐饮企业菜点的独特性,这种独特性可以从几方面来帮助餐饮企业提高经济效益。首先,"物以稀为贵",当对某种菜点的需求大于供给时,菜点价格会高于市场平均价格。一家餐饮企业在市场上推出一种新的菜点后,在其他企业还未来得及模仿之时,该餐饮企业可凭借这种菜点的稀有性制定稍高的产品价格,以便在该项菜点上获取较多的价值回报。同时,企业也会因该产品的高利润回报率而取得较高的经济效益。其次,当一家餐饮企业凭借一种新的菜点区别于其他企业时,这种新菜点的独特性会吸引更多的消费者到店就餐,从而带动店内其他种类餐饮产品和服务的销售,实现更多的餐饮产品价值,这样同样会提高企业的总体经营效益。

(四)促进各地菜系间的借鉴和融合

餐饮产品研发与创新不仅包括菜点的独创和改进,还包括菜点的引进和改良,即对其他菜系以及其他国度的菜点引进并加以改良,使之成为本企业或本地区市场内的新菜点。这种引进改良的创新方式不仅对餐饮企业本身有益,还能加强不同地区餐饮企业的交流,同时,不同地区市场中的菜点可以在风味、口感、造型、工艺流程及加工技术等方面互相借鉴,以促进不同菜系的融合。

三、餐饮产品研发与创新的基本条件

餐饮产品研发与创新不是一种轻而易举就可达到目标的活动,企业不能只考虑新菜点本身,而不顾实际的市场情况、资金技术实力等。闭门造车开发出的新菜点可能不受市场欢迎,而不考虑自身条件开发新品,则有可能会造成新菜点还未推向市场就因实力不足而夭折。由此可见,餐饮产品研发与创新活动必须具备充足的条件。

(一)组织机构是餐饮产品研发与创新的基础条件

目前餐饮企业内部应用最广的新菜点研发组织形式主要有下列三种:一是设

立临时的新菜点研发组织。许多中小企业由于其规模较小且人力资源和其他资源有限,或者平时的新菜点研发过程极少,没有设置专门的新菜点研发组织。在这类企业中,偶尔需要进行新菜点研发时,则由最高领导人员指导和组织新菜点研发,并临时组建一个委员会或小组来处理日常事务。这是一种花费最少,集中度最大的结构形式,也是企业新菜点研发工作较少时所采用的最恰当的结构。二是设立专门的新菜点研发委员会。如果企业规模较大或新菜点开发任务较重时,就需要设置专门的研发组织了。新菜点研发委员会是其中一种常见的形式,通过研发委员会来指导和协调企业的新菜点研发活动和过程,使新菜点创新这种需要各部门配合、共同努力的活动得以顺利展开。它特别适合企业高层和中层对创新活动进行管理。三是设立独立的新菜点研发部门。一些规模很大或开发任务很多的企业,为了便于对新菜点研发工作进行统筹管理,设立专门的新菜点研发部门,如新菜点研发部、研究所、研发中心或研发基地。这种独立的专职部门权力集中,有助于辅助企业最高管理者的决策。

(二)人才资源是餐饮产品研发与创新的重要条件

企业在研发过程中,人才的重要性日益凸显,研发人才的引进、使用与激励等,是企业管理的重中之重。成功的公司通过创新与创造新产品在市场上赢得竞争优势,这些公司的创新不是偶然的,而是有效管理人力资源的结果。

(三)资金投入是餐饮产品研发与创新的必要条件

餐饮企业研发能力的培育与提升,是建立在坚实的研发投入之上的。研发投入是一个企业良性成长和发展的根本保障。一个企业的研发实力如何,研发投入是一个硬指标。没有研发投入,产品设计、产品改进、产品升级都无从谈起。因此,餐饮企业应不断加大资金投入,夯实菜点研发基础。

(四)制度是餐饮产品研发与创新的必要非充分条件

创新菜点的产生和发展首先取决于研发者的创新动力,只有当研发者认为创新能为自己带来收益,自己的创新努力将得到合理补偿时,研发者才会有从事研发活动的积极性和动力。制度的主要功能之一是保护相关主体的自主领域,鼓励研发的制度应通过私有产权制度、专利制度、版权制度等形式,保护研发者在相关领域中的创新收益权。制度也可以增强预见性的功能,这样能使研发者对未来的创新收益形成合理预期,进而指导其从事创新活动。

(五)团队创造力是餐饮产品研发与创新的源泉

团队创造力是指团队成员在一定的任务环境下,相互之间通过团队内部的互动产生新颖、独特、具有社会价值的成果的整体特性。在餐饮产品研发与创新的过程和活动中,创造力是基础。特别是新菜点开发流程的前期,是最能发挥创造力、产生大量创意的阶段。如今的市场上充斥着太多同质化的菜点,一个富有创造力的菜点,往往能开拓很大的市场。更重要的是,在任何组织中,天才般的个体创造者毕竟凤毛麟角,而且由于新餐饮产品开发所涉及的知识相当广泛,许多时候新的想法和解决方案往往会来自于不同的领域,需要利用各种不同知识背景人员的创造力。如果能采取适当的管理思路和激励办法,促进团队成员间积极提出创意,充分地交流与沟通,可以发挥出"1+1>2"的协同效应,产生崭新的产品思路和开发技巧。

四、餐饮产品研发与创新人员的基本素养

(一)具有较高的科技文化素质

研发人员应接受过较高程度的文化教育或技术培训,具有较高的知识水准、务实的理论基础和一定的相关经验。同时,研发人员还需要了解餐饮行业经济运行规律,掌握餐饮企业运作机制,并具有系统的烹饪与营养专业理论知识,全面掌握烹饪原料选择、加工、调配、烹制、盛装等工序的基本原理和营养卫生要求,了解烹饪的历史、现状和发展趋势。

(二)具有开拓精神,不墨守成规

研发人员应具备这种精神,或者说这种性格。这种精神,有天生的成分,但更多的是在后天环境中逐步形成的,如家庭以及其成长环境的影响等。这会让研发人员在借鉴前人优秀成果的同时,不拘泥于条条框框。

(三)有恒心和毅力

研发活动是一个漫长而又反复的过程,遇到困难和挫折不可避免,因此对于研发人员而言,除了创新意识和勇气之外,更要有恒心和毅力。面对餐饮消费者对新产品的不满,研发人员在调整、改进中要不断摸索尝试,只有具有恒心和毅力的人,才能忍受工作中的曲折。

(四)兴趣广泛,良好的沟通能力

兴趣广泛指的是知识面广,良好的沟通能力是指良好的沟通手段。研发活动是一项复杂而艰辛的工作,需要研发人员具备各种不同领域的知识,并且要善于同其他研发人员、市场人员、生产人员和消费者等人员进行沟通,以掌握足够的信息。

(五)有好奇心,并能够拼搏

心理学研究表明,好奇心具有强大的推动力,并且能使人发挥出超常的创造力。研发人员的性格特征中,应该有强烈的好奇心,好奇心能引发他们对未知事物的好奇,研发出优秀的菜品。

五、餐饮产品研发与创新的一般程序

菜肴的研发与创新是在餐饮市场需求和烹调技术发展的推动下,将新设想通

过研究开发和生产演变成为具有商品价值的新菜品的过程。餐饮企业要根据自身的技术、经济基础和市场需要,敏感地捕捉消费者的需求,探索新菜品开发的可能性,并把这种可能性变为现实。创新菜肴的研发一般包括以下几个阶段。

(一)新菜品的构思或创意

创新菜肴的研发工作是一个从搜集各种构思开始,并将各种建议、设想转变为市场上成功的新菜品为止的前后连续的过程。构思是餐饮产品的研发与创新过程的第一步,是企业根据市场需求情况和企业自身条件,充分考虑消费者的食用要求和竞争对手的动向等,提出的研发新菜品的设想。构思实际上是寻求创意,构思的新意以及构思是否符合市场需求,是日后菜品开发能否顺利进行的重要环节。

1. 构思或创意灵感的主要来源

新菜品构思或创意的灵感主要来源于顾客、技术人员、竞争对手、企业经营者、咨询公司、学术团体或协会、大学、各种媒体等。构思或创意决不能凭空臆想,而应到实践中去做深入细致的调查研究,与各类相关人员进行信息交流,再通过构思者或创意者艰苦的脑力加工而成。具有高水准构思或创意的新菜品,凝结着相关人员的心血和汗水,是劳动的结晶,投入市场后必然具有强大的生命力。构思或创意新菜品的灵感主要来自于以下几个方面:

(1)餐饮消费者

消费者是创新菜肴的直接使用者,创新菜肴的提供主要是为了满足消费需求。随着人们物质生活水平的不断提高,人们对于创新菜肴的需求也在日益变化,并且更注重营养的搭配、吸收及原料的鲜活程度。通过消费需求途径,餐饮企业可以直接明了地掌握消费者对于创新菜肴在各个方面提出的新的要求,可以更加清楚地把握市场中餐饮供给的空白点或薄弱环节。在此基础上所寻求的创意构思及推出的新菜品更容易为市场上的消费者所接受,也更容易成功。调查显示,成功的新餐饮产品的设想有60%到80%来自用户的建议。

(2)本企业职工

企业职工,特别是餐厅服务人员与宾客之间直接接触时,应对比、了解菜品与需求之间的差异,清楚宾客对老菜品有什么改进意见,有什么批评,希望获得什么样的菜品等。一方面,员工最了解餐饮企业提供的产品;另一方面,一线员工直接为宾客服务,是与宾客接触最多的人员,宾客的各种意见包括正面意见和反面意见都是直接向服务人员表达出来的,因此员工是除宾客自身以外对顾客需求了解最多的人员,自然也就是菜品开发时,构思或创意灵感较好的来源之一。

(3)竞争对手

餐饮企业可以通过观察竞争对手的举动和菜品,对其进行调查分析,汲取经验,获取一些有关市场需求或比较受欢迎的新菜品的信息,并在此基础上产生新的构思,重新调整企业自身创新菜肴种类及其组合。这一途径也是餐饮产品的研发与创新过程中获取创意的主要途径,特别是在企业采用仿制策略、引进策略对菜品进行开发与创新时。在激烈的市场竞争中,各大餐饮企业为了获取竞争优势,势必会不断地根据市场需求对产品组合推陈出新。这些餐饮新品是在认真的市场调研的基础之上推出并能够满足消费者需求的,是经过市场考验之后才在市场中立足的,借助竞争对手途径,引进、模仿并改进这类菜肴,产品开发成功的可能性会比较高。

2. 构思或寻求创意的主要方法

(1) 排列法

将现有菜品按照其属性进行有序排列,便于快捷地寻找出应改进属性的类型、要求与方法,并以此为基础形成新的菜品构思或创意。

(2) 组合法

先列举出若干具有不同功能、特性、用途、款型、规格的菜品,通过将其中的两种或多种菜品进行排列组合,从中产生新菜品构思或创意。

(3) 多元法

构成菜品的要素很多,该方法是把新菜品的重要因素抽象出来,然后对每一个具体特征进行分析,从中形成新菜品的构思或创意。

(4) 专家法

围绕新菜品开发要求,组织若干名有独特见解的专家、专业技术人员、发明家等聚集在一起进行相关专题讨论。在会前便向与会人员提出若干问题,给予他们充足时间准备,通过专家及其有关人员提出的各自设想和建议进行综合归纳与分析,在此基础上形成新菜品的构思或创意。

(5) 群辨法

这种方法是在广泛征集各类信息基础上经分析整理、辨明真伪、择优转化所形成的新菜品构思或创意。该方法所涉及的征询人员除专家、发明家和专业技术人员以外,还可以通过调查问卷、召开座谈会等方式向消费者征求意见,询问各类专业人员看法,包括各类中间商、广告代理商、储运商等。在认真听取意见和建议基础上对各种信息进行综合、分类与归纳,经辨析后形成的新菜品构思或创意,比较能切合市场的实际需求。

(二) 新菜品构思筛选

构思筛选是新菜品研发组织从各种设想的方案中,根据新菜品开发的目标和实际开发能力进行挑选、择优的工作过程。经过构思可能会产生大量的新菜品设想和方案,但取得足够的创意构思之后,必须要对这些创意加以评估,研究其可行性,淘汰掉那些不可行或可行性较低的菜品构思,挑选出可行性较高的构思,进行可行性决策。这需要有创新的精神才能成功完成。

1. 筛选阶段的两个层次

新构思产生之后,需要综合研究以下几个问题:这种新菜品是否有适当的市场?它的潜在需求量有多大?使用的原料是否受到季节的限制?烹饪设备是否齐全?等等。筛选阶段分两个层次,第一个层次要求餐饮企业作出迅速和正确的判断,判别新菜品构思是否符合企业的特点,权衡新菜品是否与企业的技术能力相适应,剔除那些明显不合理和不可能的构思,保证不浪费资源。进行初步选择的目的是把有希望的方案和没希望的方案分开,避免在那些不成功的方案上花费人力和物力。第二个层次要求餐饮企业进行更细致的审查,进行最终筛选。最终筛选是谨慎和关键的一步,因为被选中的方案就要用来进行新菜品的开发。因此,必须严肃对待最终筛选。

2. 筛选要避免两种偏差

筛选是新菜品构思方案实现的第一关,筛选阶段的目的不是接受或拒绝某一设想,而是在于说明这一设想是否与企业目标的表述相一致,是否具有足够的实现性和合理性,以保证有必要进行可行性分析。餐饮企业进行新菜品筛选还要努力避免两种偏差:其一,不能放弃有开发前途的菜品,失去成功的机会;其二,不能误选没有开发价值的菜品构思。国外有一家重要的咨询公司指出,一般企业只有1/4的构思方案可以通过筛选阶段,只有约7%的构思方案在经过筛选后形成了新的餐饮产品,并获得成功。

(三) 新菜品的设计定位

一道新菜品的构思通过创造性筛选后,应继续研究,使其进一步发展成菜品概念。通过对菜品概念进行测试,了解消费者的反应,从中创造性地选择最佳的产品概念。在这里,首先应当明确菜品创意、菜品概念和菜品形象之间的区别。所谓菜品创意,是指企业从自己的角度考虑的它能够向市场提供的可能菜品的构思。所谓菜品概念,是指企业从消费者的角度对这种创意所作的详尽的描述。而菜品形象,则是消费者对某种现实菜品或潜在菜品所形成的特定形象。

在市场调查的基础上,企业才能界定出明确的菜品概念。恰当的菜品概念是菜品能否畅销、品牌能否建立的前提。就新菜品本身而言,竞争主要集中在其包含的特殊卖点上,没有独树一帜的特点,想杀出重围是很困难的。菜品概念必须清晰体现出市场定位,它既要体现出菜品在消费者心目中的认知层级,还要体现出菜品与竞争品牌之间的差异性。当市场定位有效转化为具体的菜品结构时,新菜品本身就将体现出消费者的价值需求。

新菜品的设计定位,直接影响到菜品的质量、功用、成本、效益等方面,进而影响到餐饮企业菜品的竞争力。有关统计资料表明,产品的成功与否、质量好坏,

60%~70%取决于产品的设计工作。因而,菜品设计在新菜品研发的程序中占据十分重要的地位。

(四)新菜品的试制

新菜品设计定位完成后就可以进行菜品试制。所谓试制,就是由厨师等技术人员根据构思,采用新的原材料或烹饪方法,尝试着烹制在外观、口感等方面有所突破的新菜品。试制设计阶段是研发的主体阶段,是能否推出新菜品的关键时期,没有这一阶段,新菜品就不可能出现在市场中。

新菜品试制是为实现菜品供应的一种准备或实验性的工作,因而无论是烹饪原料、烹饪设施的准备,还是烹调工艺的组织、菜品的上桌服务,都要考虑实际操作的可能性。否则,新菜品试制出来了,也只能成为样品、展品,只会延误企业的开发。同时,新菜品试制也是对设计方案可行性的检验,一定要避免设计是一回事,而试制出来的菜品又是另一回事的情况。不然,就会与新菜品研发的目标背道而驰,最终导致失败。因此,在试制过程中,餐饮企业要注意实现在菜品外形、口感和营养方面的突破,给消费者以全新的菜品形象,使其有一种全新的感受。

1. 外形设计

菜品外形的研发与创新要在市场调研的基础上,在菜品的形、量、色、配比等方面下功夫,根据菜品目标市场的要求,确定最合适的外观形式,在菜品造型上吸引消费者。在这一过程中,不仅要注意到原料本身及其配比、调味品的使用以及烹饪技艺和方法等对菜品外形产生的影响,还要为菜品配备合理的盛装器皿,使提供给客人的菜品在整体外观上达到完美和谐。

2. 口感设计

菜品口感的研发与创新依然是通过以上所提的各种途径,使消费者对菜品在嗅觉和味觉上有一种新的独特的感受。每一种菜肴新品都会有异于已有菜肴的风味和特色,口感上的不同就是其中十分重要的一个方面。菜品的口感是吸引消费者的一个要点,因此在对菜肴新品进行研发时要特别关注口感方面的创新。

3. 营养设计

在研发新的菜肴或对已有菜品进行改良时,除了菜品外形及口感之外,菜肴营养质量的研发也不容忽略,即研发人员应充分运用有关质量参数指标(如营养卫生等),提高新研发菜品的营养质量。伴随着人们生活水平的不断提高,菜肴的营养质量及其构成日益成为消费者选择菜品时考虑的关键要素,也是菜品价值实现过程中的新卖点,在此方面有所突破的餐饮企业会受到一些对健康及营养较为关注的消费者的青睐。

在对菜肴营养进行研发时,研发人员一方面应考虑到消费者的心理及生理需要,另一方面还要掌握一些如原材料的营养成分、烹调方法对营养的保留及流失所产生的影响等基本知识,以保证所推出的菜肴新品的营养质量。

(五)新菜品的试销

新菜品试制成功以后,就需要投入市场,并及时了解客人的反映。市场试销就是将开发出的新菜品投入餐厅进行销售,以观察菜品的市场反映,并通过餐厅的试销得到反馈信息,供制作者参考、分析和不断完善。赞扬固然可以增强管理者与制作者的信心,批评却更能帮助制作者克服缺点。餐厅应对就餐顾客的评价信息进行收集整理,好的方面可加以保留,不好的方面再加以修改,以达到更加完美的效果。

经过试销且反映良好的菜品,就可以正式生产和投放市场。试销中情况不大令人满意或达不到预定的市场销售目标的菜品就要及时撤退,以免造成更大的损失。当然,并不是所有新菜品都要经过试销阶段。国外有些企业为了减少新菜品的试销费用、避免试销泄露情报而采取了加速新菜品开发、越过试销阶段的策略,把力量集中于菜品的概念试销和样品试验等阶段。

(六)新菜品的正式上市

正式上市即将在试销阶段比较受顾客欢迎的菜肴产品正式列入企业菜单之中,向外销售。新菜品上市后,餐饮企业应加强跟踪管理,观察统计新菜品的销售情况,通过不同渠道搜集信息和资料,根据销售态势及反馈的信息,分析存在的问题,不断完善新菜品。此时,企业亦应开始为下一批新菜品的开发而筹划。

总之,创新菜肴的研发是由一系列的活动组成的一个完整的过程,餐饮企业一定要重视每一个环节的不同作用,争取顺利完成菜品的研发创新活动。

六、餐饮产品的研发与创新的基本原则

餐饮产品的研发与创新并不是盲目无序的,要保证推出的新菜品在市场上获得成功,必须遵循下列原则:

(一)满足市场需要,符合消费心理

餐饮产品的研发与创新必须要以市场中的现实需求和潜在需求为主要依据,没有需求的菜品开发出来也不可能在市场中立足,更不能给企业带来任何益处。市场中顾客的需求是多种多样的,他们对菜品的要求也是各不相同的,不同的消费者对于菜品中各组成部分的关注程度也有一定的差异。因此,餐饮企业在研发新菜品时,一定要关注餐饮业的发展趋势,了解消费者的需求,研究消费者的价值取向,认真分析消费态势,根据需求和市场中的菜品供给情况进行菜品开发活动。只有这样,餐饮企业推出的新菜品才会受顾客欢迎,才会拥有自己的市场,菜品研发活动才能取得良好的成效,餐饮企业才能借此达到开拓市场、提高效益、促进交流等目的。归结而言,满足市场需要,符合消费心理,是餐饮产品研发与创新的第一

要务,若不以此条原则指导创新菜肴的研发活动,企业推出的新餐饮产品的价值就得不到承认,最终也就绝对不可能获得成功。

(二)面向大众,引导消费

创新菜肴的研发要坚持面向大众的原则,以大众原料为基础,以家常口味为思路,以营养保健为特色,以个性化消费为导向。一道美味佳肴,只有被大多数人接受,才有巨大的生命力。过于高档的原料,由于曲高和寡,食用者较少,用其研发创新菜肴,势必影响推广。国画大师徐悲鸿曾说过:"一个厨师能把山珍海味做好并不难,要是能把青菜、萝卜做得好吃,那才是有真本领的厨师。"因此,创新菜要立足于一般原料,物美价廉,让广大老百姓能够比较容易接受。

(三)追求开发速度,注重开发效益

速度就是市场上的先机,没有速度就会错失销售良机,就会失去企业和产品在市场上的领先地位,就会在经营方面处于被动的地位。因此,餐饮企业在进行菜品研发时,一定要重视开发的速度,率先推出市场上鲜见的新菜品。当然,这并不意味着餐饮企业可以不切实际地推出任何新品,除了要考虑市场需求外,在研发新菜品时,餐饮企业还应注意开发效益,要衡量比较菜品开发时的成本与可能收益,得不偿失的菜品不值得企业投入过多的财力与精力去进行开发。为了提高产品开发可能的效益,企业要做好菜品市场的论证和分析,提高开发的预见性,减少盲目开发,尽可能地降低开发过程中的失误和风险。同时要强化新菜品的生产过程、强化新菜品的管理,完善售后服务体系,以达到提高餐饮企业经济效益和社会效益的目的。

(四)提高技术水平,发挥技术优势

无论是菜品的开发还是服务方式的改进,都离不开技术水平的提高。开发菜品时采用较为先进的烹饪设备技术,改进或采用新的服务方式时注意通过各种途径、借助各种先进的技术设备,这些都可以保障新菜品推出时的质量。现代电器烹饪设备使烹饪方式更加多样化,使烹饪过程更加科学卫生,同时还有利于精确控制烹饪时间,若能充分利用现代厨房新技术设备,将加快菜品的革新。而在服务过程中利用一些先进的现代化的装备与技术,也有利于提高服务质量,促进服务产品的创新。总而言之,在菜品的开发与创新时,提高产品生产的技术水平,发挥技术优势,企业就可在竞争过程中建立基于技术的竞争优势,使开发的新菜品在竞争中立于不败之地。

(五)全面创新,营造特色餐饮文化

创新菜肴的研发不能仅局限于有形的菜肴,而应当遵循综合全面的创新模式;不能仅考虑菜肴产品的创新,同时还要考虑其他硬件设施以及无形服务的创新;既可实行小范围的改良式的创新,也可进行脱胎换骨式的全面革新;在寻求创新时不

仅要依靠企业内的专业生产人员和服务人员,同时还应注意寻求源于消费者的创新思路。总之,菜品综合创新的终极目的是营造一种有特色的餐饮文化。

 课后练习

一、选择题

1. 餐具的清洁、餐前的摆台、后厨的菜肴烹饪都是整个餐饮产品不可缺少的组成内容,它们属于餐饮产品的哪个产品层次?(　　)

　　A. 核心餐饮产品　　　　　　　　B. 辅助餐饮产品
　　C. 期望餐饮产品　　　　　　　　D. 附加餐饮产品

2. 餐饮产品的核心部分是食品、饮品部分,原料大多为鲜活食用原料,容易腐坏变质,这造成了菜点成品的色、香、味、形等质量现状也不易保存,这体现了餐饮产品的什么特点?(　　)

　　A. 质量的脆弱性　　　　　　　　B. 生产、销售、服务与消费的同步性
　　C. 产品的差异性　　　　　　　　D. 产品的复杂多样性

3. 餐饮产品已经被市场的潜在的购买者接受,产品进入大批量生产并进入稳定的市场销售,但产品需求开始趋向饱和的阶段处于产品生命周期的(　　)。

　　A. 导入期　　　　　　　　　　　B. 成长期
　　C. 成熟期　　　　　　　　　　　D. 衰退期

4. 餐饮产品和服务定位为物美价廉,以低价格和低促销水平的方式推出新餐饮产品,适合的营销策略是(　　)

　　A. 快速撇脂策略　　　　　　　　B. 缓慢撇脂策略
　　C. 快速渗透策略　　　　　　　　D. 缓慢渗透策略

5. 在广泛征集各类信息的基础上经分析整理、辨明真伪、择优转化所形成的新菜品构思或创意方法是(　　)。

　　A. 排列法　　　　　　　　　　　B. 组合法
　　C. 多元法　　　　　　　　　　　D. 群辨法

二、简答题

1. 餐饮产品有哪些基本构成要素组成?
2. 简述餐饮企业产品设计对其市场营销的重要性。
3. 简述产品生命周期理论,并列举其对餐饮企业的现实意义。
4. 餐饮产品的研发与创新人员必须具备哪些素质?
5. 简述餐饮产品的研发与创新的一般程序。

三、案例分析

"燕之屋"品牌开创了中国人享受燕窝的全新风尚,它独创的燕窝"一站式"服

务,提供了燕窝从购买到加工食用中的辅助服务,大大简化了燕窝这一高端食品消费的过程。2012年,"燕之屋碗燕"率先将"碗形"专利包装应用到即食燕窝产品中。"碗燕"运用六项技术,实现四大突破(0亚硝酸盐,0防腐剂,0脂肪和0胆固醇)。燕窝原料的纯正,是最基本的要求,要实现燕窝产品的高品质,关键在于深加工技术,这也是未来燕窝发展的新趋势和新机遇。"碗燕"就是燕窝新技术革命的结晶,真正实现了"安全、营养、美味与便捷"四者高度统一。这也是消费者吃燕窝的四大关注。

目前,燕之屋在厦门翔安火炬高新厂区设有"碗燕"专门生产线,年产能力超亿碗。而燕之屋也将在本次订货会之后,正式启动面向全球的"碗燕百亿计划"。

结合案例谈谈"燕之屋碗燕"处于产品生命周期的哪一阶段?它的研究创新遵循了餐饮产品研发与创新的哪几条基本原则?

第六章 餐饮企业市场营销的价格策略

引言

价格是产品价值的货币表现,价格的制定关系着餐饮企业成本回收、利润获取,价格的高低影响着餐饮消费者对餐饮产品价值的判断。

通过对本章内容的学习,明确餐饮产品价格由哪些要素组成,这些要素是如何影响餐饮产品销售价格的,并掌握餐饮产品销售价格的基本公式;了解餐饮产品价格制定的主要客观依据,并根据餐饮企业经营的不同情况选择合适的餐饮产品价格制定方法。

学习目标

- 明确餐饮产品价格组成要素。
- 明确餐饮产品价格制定的主要客观依据。
- 掌握并可以运用餐饮产品价格制定方法。
- 掌握率先定价策略。
- 了解心理定价策略。
- 可辨认不同招徕定价策略。
- 可辨认不同折扣回扣策略。

关键词

餐饮定价目标、最大利润目标、投资回报目标、适当利润目标、数量导向目标、成本加成定价、成本毛利率法、目标收益率定价、竞争导向定价法、需求导向定价法、尾数定价策略、整数定价策略、声望定价策略、数量折扣、现金折扣

第一节　餐饮企业的价格构成及其管理原则

案例导入

小餐馆"辣"不起

继 2010 年的"豆你玩""蒜你狠"后,2011 年春节过后,消费者的餐桌又爆出"辣死你"。2011 年春节过后,红尖椒价格节节走高,将干红辣椒的价格一路推到了 20 元一斤。面对辣椒直逼羊肉的售价,不仅消费者嫌贵,一些小餐馆也纷纷喊"辣不起"。

除了红尖椒主产区受低温天气影响遭遇减产外,今年燃油费、运输费、人工费等都出现上涨,导致红尖椒价格出现明显变动。当鲜红尖椒价格高涨时,菜商都纷纷取消了进货,多家市场内找不到红尖椒的身影。一些小型菜市场内的干货摊,也纷纷撤下了散装干红辣椒,改卖包装好的产品,并且都是小包装,里面只有二十几个干红辣椒,标价却四五元钱。干辣椒的销售单位也悄然变化,由论斤卖变为了标价 2 元一两。

针对红尖椒和干辣椒的价格上涨,不仅消费者放弃了采购,那些低成本运作的小餐馆更是纷纷喊"辣不起",不是减少辣椒配料就是上调菜品价格,以缓解辣椒价格上涨带来的成本压力。一家湘菜馆的老板无奈之下,对店内的菜单价格进行了调整,以辣椒为主的菜品价格上调了 3~5 元不等,其中使用红尖椒的菜品价格上涨幅度最大。另一些餐馆因担心价格上涨会影响生意,干脆在菜品里减少了辣椒配料,或者在客人点餐中干脆告知没有这道菜,以此来缓解成本压力。

请分析:案例中的辣椒属于餐饮产品价格组成要素中的什么要素?集合成本定价法解释辣椒涨价、餐厅调高含辣椒菜肴的价格或减少辣椒调料配比的原因。

一、餐饮产品价格组成要素

影响餐饮产品定价的因素主要有三个方面,即成本费用、需求和竞争。其中成本是餐饮产品价值的基础部分,它决定着餐饮产品价格的最低界限,如果价格低于成本,餐饮便无利可图;市场需求影响顾客对餐饮产品价值的认识,决定着餐饮产品价格的上限;市场竞争状况调节着价格在上限和下限之间不断波动的幅度,并最终确定餐饮产品的市场价格。值得强调的是,在研究餐饮服务产品成本、市场供求和竞争状况时,必须同餐饮服务的基本特征联系起来进行研究。

从餐饮经营者角度考虑:餐饮价格确定的原则应该是在扣除自己所支付的一切成本和营业税以后还可获得利润。因此,餐饮经营者价格是由商品的成本加营

业税收加利润构成的。在征收营业税(5%)的情况下,商品的价格构成是:

餐饮产品的经营者价格 = 成本 + 营业税收 + 利润
= 成本 + 价格 × 营业税率 + 利润

价格 – 价格 × 营业税率 = 成本 + 利润

价格(1 – 营业税率) = 成本 + 利润

餐饮产品的经营者价格 = (成本 + 利润)/(1 – 营业税率)

这里的成本包括旅游会计科目上的经营成本、经营费用与管理费用。

(一)餐饮定价目标

餐饮企业定价时,应根据营销总目标、面临的市场环境、产品特点等多种因素来选择定价目标。定价目标是以满足市场需要和实现企业盈利两方面为基础的,它既是实现企业经营总目标的保障和手段,又是企业定价策略和定价方法的依据。

餐饮企业定价目标是指餐饮企业对其产品和服务定价时,预先确定所要达到的目标,并会将其目标在价格决策上反映出来。传统定价目标一般可分为利润目标、销售额目标、市场占有率目标、投资回报目标、社会影响目标或兼容了以上多个目标的多重目的目标。综合来看,主要分为利润导向目标和数量导向目标。前者强调从组织的资源及劳动力的投资中获取高额的利润,后者更为注重提供更多的服务数量或拥有更大数量的顾客。

1. 利润导向目标

获取利润是企业生存和发展的必要条件,是企业经营的直接动力和最终目的。因此,利润导向定价目标为大多数企业所采用。本书着重介绍餐饮企业定价时最广泛选用的三种不同利润导向目标。

(1)最大利润目标

营销学中最大利润目标是指企业在一定时期内综合考虑各种因素后,决定以总收入减去总成本的最大差额为根本出发点,来确定单位产品的价格,以获得最大利润总额。

最大利润有长期和短期之分,还有单一产品最大利润和企业全部产品综合最大利润之分。一般而言,企业追求的应该是长期的、全部产品的综合最大利润。这样企业才可能取得较大的市场竞争优势,占领和扩大更多的市场份额,获得企业长足的发展。对于一些中小型餐饮企业,或产品和服务在市场上供不应求的餐饮企业,如果预估其产品和服务在市场上只能短时间流行时,也可以谋求短期最大利润。

餐饮产品和服务价格太高会导致销售量下降,利润总额可能会因此而减少。高额利润是可以通过采用低价策略,待占领市场后再逐步提价来获得的;同时企业也可以通过对部分产品定低价,甚至亏本销售,以招徕顾客,带动其他产品的销售,进而谋取最大的整体效益。

因而,以单纯的提价策略达到的利润最大化只能是一种短期行为,最大利润应以企业长期最大利润和全部产品的总利润为目标。

(2) 投资回报目标

投资回报目标是指企业为实现在一定时期内能够收回投资并能获取预期的投资报酬而选择的一种定价目标。采用这种定价目标的餐饮企业,应具备两个条件:第一,该餐饮企业具有较强的实力,在行业中处于领导地位;第二,餐饮企业的这种定价目标多针对新产品、独家产品以及低单价高质量的标准化产品。

在这种目标中,价格受预期的投资收益率的影响。投资收益率又称为投资报酬率,等于净利润与总投资之比,一般以一年为计算期,其值越高,企业的经营状况就越好,它是衡量企业经营实力和经营成果的重要标志。

采用投资回报目标为定价目标的餐饮企业,会根据本企业的投资额和预期的收益率,计算出单位产品的利润额,再加上产品成本作为销售价格。但必须注意,要确定适度的预期投资收益率。一般来说,投资收益率应该高于同期的银行存款利息率。但不可过高,否则价格会令消费者难以接受。

(3) 适当利润目标

适当利润目标是指企业为避免不必要的价格竞争,或力量不足的企业为了保全自己、减少风险,在补偿正常情况下的社会平均成本的基础上,适当地加上一定量的利润作为产品价格,以适中、稳定的价格获得长期利润的一种定价目标。

采用这种定价目标有各种原因。有的餐饮企业以适度利润为目标使产品价格不会显得太高,从而可以阻止激烈的市场竞争;有些餐饮企业则为了协调投资者和消费者的关系,树立良好的企业形象;有的餐饮企业是为避免违反政府的价格指导方针。因此适当利润目标是一种兼顾企业利益和社会利益的定价目标。但实际运用时常常会受到各种限制,所以"适当"的水平必须充分考虑产销量、投资成本、竞争格局和市场接受程度等因素。临时性的短期经营餐饮企业一般不宜采用这种定价目标。

2. 数量导向目标

数量导向定价目标是企业在保证一定利润水平的前提下,为谋求某种水平的销售量或市场占有率而确定的目标。餐饮企业以数量导向目标为定价目标可使企业具有获取长期较好利润的可能性。数量导向目标包括销售额目标、维持或争取市场份额目标、吸引主要的早期使用者目标、市场渗透率目标,其中以下面两种为代表。

(1) 以销售额为定价目标

餐饮企业采用销售额目标时,确保企业的利润水平尤为重要,销售额和利润必须同时考虑。因为某种餐饮产品或服务在一定时期、一定市场状况下的销售额由该产品或服务的销售量和价格共同决定,销售额的增加,并不必然带来利润的增加。有些餐饮企业的销售额上升到一定程度,利润就很难上升,甚至销售额越大,亏损越多。因此,对于需求的价格弹性较大的商品,降低价格而导致的损失可以由销量的增加而得到补偿,因此企业宜采用薄利多销策略,保证在总利润不低于企业最低利润的条件下,尽量降低价格,促进销售,扩大盈利;反之,若商品的需求的价格弹性较小时,降价会导致收入减少,而提价则使销售额增加,企业应该采用高价、厚利、限销的策略。

(2)以维持或争取市场份额为定价目标

大多数餐饮企业对竞争者价格都很敏感,定价以前更是多方搜集信息,把自己产品的质量、特点同竞争者的产品进行比较,然后做出抉择。市场存在领导者价格时,新的餐饮产品要进入市场,只有采用与竞争者相同的价格。一些小企业因生产、销售费用较低,或一心希望扩大市场占有率,定价会低于竞争者。

三、餐饮产品价格制定方法

餐饮产品定价方法是餐饮企业在特定的定价目标指导下,依据对成本、需求及竞争等状况的研究,运用价格决策理论,对餐饮产品价格进行计算的具体方法。定价方法主要包括成本导向定价法、竞争导向定价法和需求导向定价法。

(一)成本导向定价法

成本导向定价法是以产品成本为基础,加上目标利润来确定产品价格的定价法,也是餐饮企业最常用、最基本的定价方法。主要有成本加成定价法、目标收益定价法等几种具体的定价方法。

1. 成本加成定价法

成本加成定价法是指按照单位成本加上一定百分比的利润加成来制定产品的销售价格。其计算公式为:

单位产品价格 = 单位产品总成本 + 利润加成　　　　　　　　　(公式1)

单位产品总成本,由单位产品的直接成本和间接成本组成。所以公式又可以表达为:

单位产品价格 = 直接成本 + 间接成本 + 利润加成

直接成本或直接费用,是指餐饮产品生产过程中消耗的原材料、能源和直接人工。间接成本是指合理分摊在单位产品上的相应固定资产折旧费、管理费和租金、保险费等。利润加成是指按单位产品总成本的某一个比例计算得出的利润目标。

餐饮产品的定价基本采用成本加成定价法。在应用中,因为餐饮企业平摊到单个产品的间接成本很少,所以在计算单位产品总成本时往往忽略间接成本。但考虑到餐饮企业间接成本的真实存在,餐饮企业将利润加成改换为毛利(毛利是未扣除间接成本前的利润加成),相应加成比率改为毛利率。同时,由于参照对象不同,成本加成定价法又分为销售毛利率定价法和成本毛利率定价法。

(1) 销售毛利率定价法

当餐饮企业将公式1中的单位产品价格视为参照对象时,使用的是销售毛利率法。餐饮企业以单位产品价格为基础,在价格尚未明确的情况下,首先设定毛利在单位产品价格中所占的比率。单位产品价格中刨除毛利率,所余比率为单位产品成本在单位产品价格中所占比率。所以当餐饮企业计算出单位产品的成本时,根据销售毛利率可以推导出单位产品价格。这里的毛利率以单位产品的销售价格为基础,被称为销售毛利率,又被称为内扣毛利率。其计算公式如下:

单位产品价格 = 单位产品总成本 ÷ (1 - 销售毛利率)

例:鲜百合炒肾球用鲜百合100克,肾球100克,配料50克,其中,鲜百合进价每500克是6元,鲜百合可利用成菜比率是95%,无其他副料价值,鸭肾每500克进价是13元,可利用成菜比率是85%,无其他副料价值,配料成本和调味成本共计2元,销售毛利率是53.3%,这个品种的理论售价是多少?

解:

第一步,先计算单位产品成本:

鲜百合成本 = (6 ÷ 500) × (100 ÷ 95%) = 1.26(元)

鸭肾成本 = (13 ÷ 500) × (100 ÷ 85%) = 3.06(元)

单位产品总成本 = 1.26 + 3.06 + 2 = 6.32(元)

第二步,代入公式:

单位产品价格 = 6.32 ÷ (1 - 53.3%) = 13.53(元)

答:计算得出鲜百合炒肾球的售价是13.53元。

(2) 成本毛利率定价法

当餐饮企业将公式1中的单位产品总成本视为参照对象时,使用的是成本毛利率法,又叫外加毛利率法。餐饮企业以单位产品总成本为基础,确定在成本上附加的毛利比率。然后根据毛利率计算毛利,再加上成本得出单位产品价格。所以当餐饮企业计算出单位产品的总成本时,根据成本毛利率可以推导出单位产品价格。这里的毛利率以单位产品总成本为基础,被称为成本毛利率,又被称为外加毛利率。其计算公式如下:

单位产品价格 = 单位产品总成本 × (1 + 成本毛利率)

例:荔蓉鲜带子用荔蓉馅150克,鲜带子6只,菜心100克。其中荔蓉馅每500克8元,鲜带子每只2元,菜心每500克0.6元,成菜利用率30%,无附加材料价值,调味成本是1元,成本毛利率是41.3%,这个品种的理论售价是多少?

解:

第一步,计算单位产品总成本:

鲜带子成本 = 2×6 = 12 元

荔蓉成本 = (150÷500)×8 元 = 2.40 元

菜心成本 = (0.6÷30%)÷500×100 = 0.40(元)

单位产品总成本 = 12+2.4+0.4 = 14.8(元)

第二步,代入公式:

单位产品价格 = 14.8×(1+41.3%) = 22.33 元

答:计算得出荔茸鲜带子售价是 22.33 元。

注意,这里计算出来的只是理论售价,或者只是一个参考价格,因为在实际操作中,还要根据该品种的档次及促销因素来最后确定品种的实际售价。

2. 目标收益率定价法

目标收益率定价法是根据产品的总成本和估计的总销售量,确定一个目标收益率,作为核算定价的标准。即:

$$单价 = \frac{(固定成本 + 单位变动成本 \times 产品数量 + 目标利润)}{产品数量}$$

目标收益率定价法具有易于使用的优点,并为餐饮企业制定大型宴会标准价提供了指南,但这种方法没有考虑市场需求的程度和消费者的心理,不能适应不同细分市场需求。因此,实际生活中,只能把目标收益定价作为制定价格的出发点,再根据具体市场动态和顾客需求适当灵活调整。

(二)竞争导向定价法

在产品的营销竞争中,价格竞争是最有效、最敏感的手段。竞争导向定价以市场上相互竞争的同类商品价格为定价的根本依据,并随竞争状况的变化而确定和调整价格水平,而不过多考虑成本及市场需求因素。竞争导向定价法很好地考虑了产品价格的市场竞争力,但可能会加剧同类产品的竞争、忽视产品差异化,且容易忽视餐饮企业的成本和利润。使用这种定价法时,在设定定价前,餐饮企业一般要广泛搜集信息,把自己产品的质量、特点和成本与竞争者的产品进行比较,然后制定本企业的产品价格。根据餐饮企业在市场中所处的不同竞争地位,竞争导向定价法一般分为以下三种。

1. 领头定价法

领头定价法又称寡头定价法(产品差别定价法),是指在某个行业或部门中,由一个或少数几个大企业首先定价,其余企业参考定价或追随定价的方法。这一个或少数几个大企业就是价格领袖。它们的价格变动往往会引起其他企业的价格随之变动。在餐饮市场这种定价法并不少见,如星巴克咖啡价格、麦当劳和肯德基的汉堡价格。

2. 随行就市定价法

随行就市定价法是一种防御性的定价方法。是企业为了避免和同类企业进行直接价格竞争而采取的产品差别定价法。采用这种定价法的餐饮企业不追随竞争者的价格,而是经不同的营销努力,使同种的产品在消费者心中树立起不同的产品形象,根据同一行业的平均价格或其直接对手的平均价格决定自己的价格。如非常可乐的市场售价显然追随参考了可乐市场的平均价格,且与可口可乐、百事可乐相比,其品牌形象更本土化。

3. 追随定价法

在餐饮市场上,一些有名望、市场份额占有率高的餐饮企业往往左右着餐饮价格水平的波动,在一些多少有点垄断性的市场上,它们的价格决策往往影响更大。精明的餐饮市场营销人员在激烈的竞争中眼睛时时盯着别人,特别是对市场价格起主导作用的餐饮企业。

竞争导向定价法中采用最普遍的是追随定价法。之所以普遍,主要是因为许多餐饮企业对于宾客和竞争者的反应难以作出准确的估计,自己也难于制定出合理的价格。于是追随竞争者的价格,你升我也升,你降我也降。在高度竞争的同一产品市场上,宾客,特别是大客户旅行社对餐饮的行情了如指掌,价格稍有出入,宾客就会涌向价廉的餐饮企业。因此一家餐饮跌价,其他餐饮也要追随跌价,否则便要失去一定的市场份额。对于一个产品不能储存的行业来说,竞争者之间的相互制约关系表现得特别突出。相反,竞争对手提高价格,也会促使餐饮企业作出涨价的决策,以获得较高的经济效益。

(三)需求导向定价法

顾客是根据他们的经历、消费能力和意图来比较价格的。某一价格对于富有的消费者来说是便宜的,而对低收入的消费者而言却被认为很贵。同一消费者在不同时间,到不同地点去消费会对同一价格的商品产生不同的感觉。因此,制定不同的餐饮产品价格,就便于吸引不同类型的餐饮消费者。需求导向定价不再是以成本为基础,而是以顾客对产品价值的理解和认识程度为依据。需求导向定价法是市场导向观念的产物,包括理解价值定价法和需求区别定价法。

1. 理解价值定价法

即根据顾客理解的价值,也就是根据顾客的价值观念来制定价格。这要求餐饮企业运用经营组合中的价格因素影响顾客对餐饮产品价值的印象,并根据顾客的价值观念制定相应的价格。

例如,一位消费者在商店的小卖部喝一杯咖啡要付3元,在一个小餐厅就要5元,而在一个规模更大餐厅喝咖啡就要付10元。在这里,价格一级比一级高并非是由成本所决定,而是由于附加的服务和环境气氛增加了顾客对商品的满意程度,同时也为商品增加了价值。

运用理解价值定价法的关键是,要用自己的产品同竞争对手的产品相比较,找到比较准确的理解价值。因此,在定价前必须做好营销调研,否则,定价过高或过低,都会造成损失。定价高于买方的理解价值,顾客就会将购买转移到其他地方,销售量就会受到损失;定价低于买方理解价值,销售额便会减少,同样也会受损失。

理解价值定价法认为,某一产品在市场上的价格和该产品的质量、服务水平等,在宾客心目中都有特定的价值,销售的产品的价格和宾客的认知价值是否一致是产品能否销售出去的关键,因此,运用这种方法要做到以下两点:

(1)餐饮产品的价格尽可能地靠拢宾客的认知价值

这需要运用各种市场调研手段及实销经验,尽可能全面地收集顾客对餐饮产品价值的评价,从而为制定顾客可以接受的价格提供客观的依据。

(2)改变宾客的主观价值评价

这需要运用各种市场宣传手段,改变宾客既定的价值评价,使他们对餐饮企业制定的现行价格认可。

2. 区分需求定价法

区分需求定价法有以下几种形式:

(1)区别对待不同顾客:同一产品或服务,对不同顾客价格不同。

(2)区别不同的产品形式:不同的产品形式,成本不同,餐饮企业可以按产品的不同形式的成本差规定不同的售价。

(3)区分不同的地点:在不同地点出售相同的产品和服务,虽然带给顾客的基本满足可能没有发生变化,仍可制定不同的价格。

(4)区分不同的时间:可以在不同的季节、不同的日期,规定不同的价格。

但要有效地实行区分需求定价法,需要具有一定的条件:

第一,市场能细分,而且不同的细分市场必须表现出不同的需求强度。

第二,低价细分市场的买主不能有机会向高价细分市场的买主转售。

第三,高价竞争几乎没有压低价格进行竞争销售的可能。

第四,分割市场和控制市场价需要的费用不能超过采用区分需求定价所能增加的营业额。

第五,差别定价不应引起顾客的反感,以免导致销售量和营业额的减少。

第二节 餐饮市场营销的价格策略运用

案例导入

受2008年金融危机影响,餐饮行业生意相对以往冷清很多,特别是一些中高档消费的餐厅,这令企业不得不考虑降价。

比萨连锁品牌棒约翰为招徕顾客开展了"9元风暴"促销活动,包括BBQ鸡翅、芝心薯碗、田园沙拉、鲜茸蘑菇汤、芝士条五款产品,其原价在16~20元,而从12月1日起统一售价为9元。这是棒约翰进入中国以来最大的一次促销活动。虽然棒约翰一再表明这些促销活动只是针对部分产品,并且是为了回馈及争取消费者,但毫无疑问的是,消费者已经从中获取到了实实在在的"优惠"。

与此同时,上海第一食品商店也在策划一场特别的促销活动。12月31日,将分区域进行限时特价促销,这种促销方式在第一食品商店尚属首次,最低的食品折扣将达到5折左右。此外,大众定位的牛排连锁"豪享来"部分店面提出了凡8点后所有冷菜和点心都将五折优惠,而永和豆浆也推出了豆浆买一送一以及套餐加一元送豆浆的活动。

请分析:案例中的多家餐饮企业使用了折扣回扣策略中的哪些策略?

定价方法侧重于从量的方面对产品的基础价格作出科学的计算,而定价策略则是运用定价艺术和技巧,根据餐饮市场的具体情况制定灵活机动的价格。下面对餐饮企业几种常见的定价策略作一简单介绍。

一、率先定价策略

率先定价策略是指企业根据市场竞争环境,率先制定出适销对路、符合市场行情并能够被消费者所接受的产品价格,以吸引顾客,争取主动权的定价策略。在激烈的市场竞争中,特别是在市场需求表面停止增长,而实际上是再次快速增长的积累期的情况下,谁率先制定出符合市场行情的价格,谁就有了吸引消费者,占领市场的有力武器,也就拥有了竞争取胜的基础。

制定新产品最初价格时常采用的价格策略主要有:

(一)撇油价格策略

撇油的原意是把牛奶上面那层油撇出来。撇油价格指制定高价,以便在短期内把钱赚回来。在产品投入阶段,市场需求弹性较小,新产品在市场上奇货可居,因此,迫切需要这种新产品的消费者往往愿意高价购买。当产品进入成长阶段或成熟阶段,再降低价格,以便吸引对价格较为敏感的细分市场。

采用撇油价格策略的优点是:

(1)可较快获取较高营业额,以便收回产品研制成本;

(2)可使餐饮企业的生产能力随着市场需求的增长而逐渐扩大;

(3)可以便利在以后的竞争中实行降价竞争。

(二)渗透价格策略

采用渗透价格策略,是更多地从长远利益考虑,把产品价格定得比较低,以便市场渗透,获得较大的市场占有率。

采用渗透价格策略的特点是:产品价格低于市场价,薄利多销,采取压低成本,减少环节的办法,增加销售。

采用渗透价格策略的条件是:潜在市场比较大,低价可以扩大市场面;价格敏感程度高,低价可以增加销售;有潜力降低可变成本;分配渠道畅通,销售经营环节精简;有供大于求的趋势。

但是采用渗透价格策略时,改变价格的余地比较小,而且往往要较长时间才能赢利。

(三)产品介绍阶段暂时降价策略

降低产品价格,能吸引更多顾客,所以,有不少餐饮企业常在产品介绍阶段,采取暂时降价的策略,以便加速消费者接受采用新产品的过程。介绍阶段一结束,就提高产品的价格。一些餐饮企业在刚开业的几个月,常常采用这种策略,以便吸引客户,争取客源。

二、心理定价策略

现代市场营销观念告诉我们,餐饮企业只有提供顾客满意的东西,才能取得良好的营销效果。因此,顾客对产品的满意程度如何,对定价影响极大。从顾客的心理反应出发来刺激其消费,从而达到促销、多销,这种高效益的定价策略,就称为"心理定价策略"。

(一)尾数定价策略

为迎合宾客求廉心理,给商品制定一个非整数价格,如 0.99 元、9.95 元等,这种定价可以给宾客一个价格低的印象,并能使宾客产生对定价认真负责的信任感,餐饮产品的标价常采用此策略。下面以餐馆为例,说明尾数定价策略在菜肴定价中的应用。

1. 菜肴价格的尾数应为奇数

菜肴价格的尾数应为奇数,特别应当是 5 或 9,价格在 6.99 美元以下的菜肴,其价格尾数常常是 9。餐饮企业之所以采用这种做法,主要原因可能是餐饮企业长期使用这样的尾数定价法,大多数宾客已经习惯,宾客会认为餐饮给了他们一定的折扣。例如某菜肴的价格为 1.79 美元,宾客往往会认为该菜肴的价格应当是 1.80 美元,餐馆为了扩大销售量,有意给他们一分钱折扣。如果把菜肴价格定为 1.81 美元,不少宾客就会认为餐馆故意多收一分钱。根据调查,如果菜肴的价格从 1.99 美元降至 1.96 美元,销售量反而会降低。

价格在 7 美元至 10.99 美元之间的菜肴,其价格尾数以 5 为最常见,这是因为价格较高的菜肴应当打较大的折扣,尾数为 5,宾客会认为餐馆给了他们五美分折扣。

价格在10美元以上的菜肴,尾数为0也是很常见的。但是,餐馆在制定高价菜肴的价格时,也应当充分利用宾客的心理。例如,某一菜肴的价格可以定为19.00美元,而不要定为20.00美元。

2. 价格中的第一个数字最重要

顾客常根据价格的第一个数字作出消费决策,他们认为价格中第一个数字要比其他数字重要。例如:一般宾客认为7.9元与8.1元两种价格之差要比7.79元与7.99元两种价格之差大。因此,餐馆比较愿意将某菜肴的价格从7.29元提价至7.79元,却不大愿意将菜肴的价格从7.99元调整至8.19元。

3. 价格数字的位数应该尽量少一些

顾客对价格数字的位数是很敏感的。他们认为9.99元与10.29元两种价格之差要比9.69元与9.99美元两种价格之差大得多。因此,很多餐馆在定价时,尽可能使菜肴的价格低于10.00元,即尽可能减少价格数字的位数。这样制定的价格,就不大会引起宾客的抵触情绪。

4. 尽可能使菜肴价格保持在某一范围内

顾客常把某一价格范围看成是一个价格。例如:他们常把8.6元至13.99元看作为10.00元;把14.00元至17.99元看作是15.00元;把18.00元至24.99元看作是20.00元;把25.00元至39.99元看作是30.00元;把40.00元至55.99元看作是50.00元等。因此,如果餐馆调价以后,菜肴的价格仍在原来的范围之内,就不易被顾客察觉,也就更容易被顾客所接受。

5. 调价频率不宜过快,幅度不宜过大

调价过于频繁或调价幅度过大,会引起顾客的反感。通常每次菜肴的调价幅度应在2元至5元之间。快餐厅一年内调价次数不应超过3次。

6. 菜肴价格之差不应过大

如果菜单上菜肴的价格相差过大,顾客就会产生价格结构不合理的感觉,他们就可能会选择低价菜肴。国外有些餐饮经营管理人员认为,菜单上最高价格与最低价格之差不应超过一倍。

(二) 整数定价策略

一般顾客对于消费品的购买,属于不懂行的购买,即对产品的制作过程、烹调技艺、原料情况、何种配料等都是不了解的。但一般顾客又有"一分价钱一分货"的价值观念,为了让顾客对自己的选择放心,除了提高售时服务,采取让顾客试饮、品尝等促销方式以外,明码实价,将价格合理地调整到代表产品价值效用数附近的整数上面,也会使顾客选购起来容易比较,可以放心购买。例如,餐厅中的一般饮料为8.00元、7.50元或6.00元,而不同的酒类根据其质量、品牌可分别定价为18

元、20元及40元不等。

(三) 声望定价策略

对豪华产品定以高价,既提高了产品的身价,又衬托出消费者的身份、地位和能力,给人们以自我实现的心理满足。例如,在定价时,若按成本加成计算出一桌酒水费用为1637.60元,按声望定价法则可定价为1800元,针对商务人员,特别是港、澳、粤地区客人较多的情况,还可定价为1888元,讨了"要发发发"的口彩。对于追求实惠的客人,还可对其"优惠"为"一路发发",即定价为1688元。

采用这种定价法需要进行详细的市场调查,除了考虑细分市场客人的身份和消费实力外,还要考虑年龄结构和客人所能接受的最低、最高价格限度。尤为重要的是,产品的价格必须与质量相吻合,这样才能不伤害客人的利益,维护餐饮企业的信誉。

三、招徕定价策略

招徕定价策略是很常见的定价策略,主要包括以下四种:

(一) 廉价出售某些产品

采用这种做法的餐饮企业常把部分产品的价格定得特别低,甚至低于成本费用,以便给予消费者一种价格低廉的印象,以此招徕顾客。餐馆常使用这种定价策略。虽然出售某些廉价菜肴或饮料会无利可获,但是,从整体考虑,由于顾客也必须购买其他菜肴或饮料,所以餐饮企业不仅可收回这些廉价品所失去的利润,还可提高总营业收入额和总利润额。

餐饮提供免费服务项目也是在应用这种定价策略。

(二) 特别减价销售

这种定价策略是指餐饮企业在某些季节和节日,降低商品价格,招徕生意。这种价格策略,需要和广告宣传活动紧密配合。一般说来,在产品滞销时采用这种做法更为适宜。

(三) 虚假折扣策略

这是西方某些餐饮企业采用的一种欺骗性宣传。餐饮企业使用虚假折扣策略时会宣称某种产品或服务的价格已从以前的高价降至目前的低价,借以吸引消费者。而事实上,价格根本没有丝毫变化。显而易见,我们不应当仿效这种做法。

(四) 特殊事件价格

这种定价策略是指餐饮企业在某些季节和节日,或在本地区举行特殊活动的日子里,降低价格,招徕生意。采用这种价格策略时,也需要和广告宣传活动紧密配合,掌握好销售的时机。一般来说,在餐饮企业的淡季,采用这种策略更为适宜。

四、折扣回扣策略

折扣回扣策略是指餐饮企业给予顾客和中间商各种优惠或折扣,鼓励客户大量购买自己的产品,从而保证产品的大量销售。折扣回扣策略的形式有以下几种:

(一)数量折扣

数量折扣是指给予购买量达到一定数量的中间商或消费到一定额度的餐饮消费者以某种折扣优惠。数量折扣有以下两种形式:

1. 非累计折扣

非累计折扣一般应用于一次性购买。客户一次性购买的数量或金额达到餐饮规定的要求时,就可得到某种折扣优惠。购买数量越多,折扣就越大,以鼓励和刺激客户大量购买。

2. 累计折扣

累计折扣比非累计折扣更具有吸引力,更可起到潜移默化的作用,累计折扣能够加深客户对某一餐饮品牌的印象,并提高客户对这一餐饮品牌的认可度。

例如,很多面包店推出的销售积分卡。用这种积点卡每次购买一定数量的面包就可以获得积分,在一定的时间内积满一定分数可以换取面包。各个餐饮企业的累积折扣方式不同,有些餐饮企业通过累积折扣培养忠实消费群体,有的餐饮企业通过累积消费额识别反复消费本企业产品的顾客,对满一定积累额的顾客赠予会员资格、奖励折扣或礼品回馈。

(二)现金折扣

国外的餐饮企业和国内某些餐饮企业参照其他商业企业采用的信用购买方法,即"先使用后付款""分期付款"的方式吸引客人,即采用签单赊销的方法刺激顾客消费,若顾客用现金支付,则采取优惠折扣策略。这就要求餐饮企业为消费者提供信用卡付款方式,提供消费者向银行借贷提前消费的可能性。对信誉度良好的企业客户进行认证后,适额允许其使用签单赊销的方式付款。

(三)实物折扣

实物折扣是指餐饮企业对于大量消费的客户,给予实物的刺激。如赠送茶点、饮料、菜肴或纪念品等。实物折扣不但对老顾客和有购买潜力的新客户有较大的吸引力,对收入较高但有获得纪念品爱好习惯的顾客和讲究经济实惠、收入低下的消费群体,也都有较大的刺激作用。如餐厅给外宾赠送中式筷子、餐后送中式点心、水果,给中宾加免费菜、点心、饮料,免收空调费等,这些均属实物折扣优惠。

(四)季节折扣

在节假日,在旅游淡季,餐饮企业采用季节折扣或淡季优惠价的方式刺激客人。餐饮的价格在淡季时往往要比旺季价低得多。不少餐饮企业还准备了家庭套餐,吸引当地家庭餐饮消费者在淡季时来用餐。有的餐饮家庭套餐是旺季正常价格的二分之一甚至三分之一。一般夏季是火锅的销售淡季,冰淇淋在冬季销量会减少。火锅店、冷饮店除了通过空调、装饰提供适合用餐的温度和环境外,采用季节折扣和一系列促销活动也是很重要的促销策略。

(五)同业折扣和佣金

餐饮企业给予旅游中间商的佣金数额是决定旅游中间商是否向游客介绍某一餐饮企业的重要标准之一。许多餐饮企业除了给予旅游中间商优先订桌之外,还给予他们一定的折扣或佣金。但具体的做法却有所不同。

(六)推销津贴

旅游中间商的促销广告和宣传展销活动,会为餐饮企业带来充足的客源,虽然他们的目标是各自的利润,但也宣传了餐饮企业,扩大了餐饮企业的知名度和社会影响,树立了餐饮企业的良好形象。资助餐饮中间商,如团购餐饮网站、外卖订餐网站开展的促销活动,既搞好了与中间商的社团关系,稳定了餐饮企业客源,又扩大了餐饮企业的知名度,是一举两得的营销策略。

(七)回扣和津贴

回扣是根据价格表给顾客或中间商的减让。津贴是通过零售商给予零售推销员的奖励,以便鼓励推销员大力兜售某种产品。

课后练习

一、单选题

1.餐饮企业把它的预期收益水平,规定为投资额或销售额的一定百分比的利润导向目标是(　　)。
   A.最大利润目标　　　　　　B.投资回报目标
   C.满意利润目标　　　　　　D.适当利润目标

2.以品种销售价格为基础,按照毛利与销售价格的比值计算价格的方法是(　　)。
   A.销售毛利率定价法　　　　B.成本毛利率定价法
   C.价格组成定价法　　　　　D.目标收益率定价法

3.根据同一行业的平均价格或其直接对手的平均价格决定自己价格的定价方法是(　　)。
   A.领头定价法　　　　　　　B.随行就市定价法
   C.追随定价法　　　　　　　D.需求导向定价法

4."迎圣诞,感恩回馈。圣诞布丁买一送一",应用的是招徕定价策略中的哪个策略?(　　)

A. 廉价出售某些产品　　　　B. 特别减价销售
C. 虚假折扣策略　　　　　　D. 特殊事件价格

二、简答题

1. 影响餐饮产品定价的因素主要有哪些？
2. 一个餐饮企业具体的定价目标有哪些？
3. 简述采用撇油价格策略的优点。
4. 尾数定价策略在菜肴定价中应用时应注意哪些问题？

三、案例分析

一家新开业的餐馆，没有打折扣，但老板会随意地选择一个日子，在这个日子里排在前若干位的顾客在享受了美食及优良服务之后结账时，突然受到了全免费的待遇，获得了意外的惊喜。这吸引了更多顾客来试试运气。结果，第一个月免掉的金额只占总营业收入的3.38%，比95%的折扣还少。

案例中的餐馆老板是以哪种价格策略代替了折扣回扣策略？

第七章 餐饮企业其他营销策略认知

引 言

本章介绍了品牌策略对餐饮企业的作用及其特点，讲解了餐饮企业品牌战略的基本内涵、餐饮企业创立品牌的辅助战略和餐饮企业品牌建立后的维护战略；对于当今餐饮市场中常见的餐饮企业的主题营销策略，介绍了其概念和特点，阐述了实施体验营销的必要性和其在构建中的主要内容。

学习目标

- 掌握餐饮品牌战略的特点和作用。
- 了解餐饮企业品牌战略的步骤。
- 了解餐饮企业创立品牌的辅助战略。
- 树立餐饮企业品牌维护观念。
- 掌握主题营销的概念及特点。
- 明确实施体验营销的必要性。
- 掌握主题营销的构建。
- 了解餐饮企业的绿色营销策略。

关键词

品牌、品牌策略、主题营销、主题产品营销、主题品牌营销、主题文化营销、企业形象、绿色产品、绿色价格

第一节　餐饮企业市场营销品牌策略

案例导入

娃哈哈的品牌延伸之路

杭州娃哈哈集团有限公司是目前中国最大的食品饮料生产企业,全球第五大饮料生产企业。娃哈哈集团1987年创建时,由杭州市上城区校办企业的经销部开始,最初,创始人宗庆后仅带领两名退休老师,靠着14万元借款,靠代销人家的汽水、棒冰及文具纸张起家。第二年为别人加工口服液。第三年成立杭州娃哈哈营养食品厂,娃哈哈品牌诞生,并开始开发生产以中医"药食同源"理论为基础,解决小孩子不愿吃饭问题的娃哈哈儿童营养口服液。依靠"喝了娃哈哈,吃饭就是香"的广告,产品一炮打响,走红全国。1992年,娃哈哈又开发出针对儿童消费者的娃哈哈果奶。凭借娃哈哈营养液的品牌影响力,再加上已建立的销售渠道和规模生产的优势,娃哈哈果奶曾一度占据儿童果奶市场的半壁江山。1995年,娃哈哈却淡化了原先的儿童概念,采用了"我的眼里只有你""爱你等于爱自己"等宣传口号,进入成人饮料市场,沿用娃哈哈品牌生产纯净水。娃哈哈依托纯净水使企业规模和实力都完成了一次飞跃。1998年,纯净水市场日渐饱和并且竞争日趋激烈,而儿童饮品也从成熟期迈向衰退期。这时候,娃哈哈又义无反顾地杀入被"两乐"把持的碳酸饮料市场。这次,娃哈哈引入了在娃哈哈品牌下的隐性品牌——"非常可乐"。同时,娃哈哈在"非常可乐"下又延伸出"非常柠檬""非常甜橙"等产品,完善"非常"产品线。娃哈哈还推出了"非常茶饮料",向统一、康师傅主导的茶饮品细分市场渗透。通过这一系列行动,娃哈哈在饮料行业书写了自己的品牌传奇。

2002年,娃哈哈高起点进入童装业,与预期的一年在全国开设2000家童装专卖店相比,现实中一年仅开设了800家童装专卖店,经营业绩也没有达到预期效果。直到现在,娃哈哈的童装业还处于"不振"状态。一直以来,娃哈哈也在尝试进入其他市场,并已经开始启用新的品牌。如"大厨艺"牌方便面。另外也有些产品仍沿用原品牌,如"娃哈哈儿童维生素""娃哈哈平安感冒液""娃哈哈儿童钙片"等。2005年娃哈哈加快步伐进入日化行业,主要以洗发、沐浴产品为主,定位于中高端市场。

请分析:

1. 你如何看待娃哈哈的多元化发展之路?

2. 你认为娃哈哈进入日化用品市场的前景如何?为什么?如果娃哈哈进入日化用品市场的话,你认为娃哈哈应使用原用品牌还是建立新的品牌呢?

一、餐饮品牌策略的意义和作用

品牌是生产者、经营者为了将其产品有效区别于竞争对手的替代产品,而采用的显著的独特标记。广义上的品牌可以是一个名称、一句术语、一个记号、一种象征或设计,甚至可以是以上因素的搭配组合。狭义上的品牌仅指企业为自己的产品选定的名称及商标。总之,品牌的根本是通过不同的文字、图形或文字和图形的有机组合等来辨别不同的企业。

现在的品牌已不再仅仅是一个标记,而是提升为由一种保证性徽章创造的无形资产。现今的餐饮企业经营者已不再把品牌作为一个名称、标志或图形来考虑,而是作为一组"无形资产"来考虑,这是一种更完善、更有力度的思维方式。从这个角度来理解品牌,是 20 世纪 90 年代营销发展史上取得的最重要的进步之一。它是用来解释成功品牌与不成功品牌之间区别的一把钥匙。

品牌策略是指企业在分析研究自身条件和外部环境的基础上,旨在营造和维护自身品牌,并有效应用其影响力创造企业价值的企业行动规划。拓展到餐饮行业中来,便是将餐饮企业品牌升华成一种被广大消费者认同的消费理念,进而建立自己的忠实顾客群体。这种理念的建立并非一蹴而就,而是餐饮企业长期的策略举措。品牌关系到一个餐饮企业的形象定位、市场影响力甚至企业发展方向,品牌策略对于餐饮企业的意义体现在下列几点:

(一)餐饮品牌策略有利于良好企业形象的树立

餐饮企业实施品牌化策略有利于其旗帜鲜明地参与市场竞争。品牌可以提升餐饮企业产品及服务的可识别性,为餐饮企业针对产品和服务进行广告宣传等促销活动提供统一的符号性信息,对消费者选择餐饮产品和服务起着显著的提示作用。现代餐饮企业将这种显著的符号信息通过有效的策略步骤与市场消费潮流、社会道德取向、高尚人生观等相关联,让简单的符号信息承载了更多的积极的消费暗示,促进餐饮企业在竞争激烈的餐饮市场中建立起稳定的良好企业形象。如某些餐饮企业热心公益,将企业品牌与社会责任关联,从而得到了消费者对企业产品和服务更深的信任感。

(二)餐饮品牌策略有利于产品销售的提升

餐饮企业品牌是餐饮企业长期经营的总体形象的缩影,具有一定的稳定性。商誉好的餐饮品牌,更易在竞争激烈的餐饮市场中占有优势。如新产品推出时,拥有良好品牌形象的餐饮企业只需要较低的宣传成本便可被忠实顾客接受。因此品牌策略作为一种促销手段可以很好地实现企业预定的销售目标。长期拥有良好企业品牌形象的餐饮企业在突发事故上往往更易被消费者归类为偶发差错。但值得注意的是,如果类似突发事故一再发生,动摇了消费者的忠诚度,再想扭转品牌形象也是极为困难的。由此可见,餐饮企业品牌是餐饮企业销售的有力保证。良好的餐饮企业品牌还会让消费者在与其他了解不多的品牌对比中将品牌知名度与质量保证、规模生产等信息等同,产生选择偏好,提升产品销售。

(三)餐饮品牌策略有利于企业员工向心力的建立

良好的餐饮企业品牌,通过自身的市场影响力扩大可向企业内部传递着良好发展势头的积极暗示,让员工对自身发展和职业的稳定性产生信心。良好的企业品牌更会带给企业积极的工作氛围,令员工更易获得工作的认同感和成就感。清晰的餐饮企业品牌策略能有效地将企业内部员工的奋斗方向做到宏观上的统一,使企业上下为了相同的品牌方向而努力。总而言之,良好的餐饮品牌策略有利于企业员工向心力的建立。

(四)餐饮品牌策略有助于提高经济效益

品牌对餐饮企业本身是一种无形资产,其潜在价值应被餐饮企业正确认知并合理开发使用。品牌的影响力和号召力可以为餐饮企业的扩建、投资降低成本,如公开低价竞标采购、依托信誉的低成本筹资;在内部生产上把握企业内部协调一致的方向,降低生产成本和各项制造费用;在销售阶段,餐饮企业品牌更是一把利器,可以有效提高单价和销量,从而增加销售额和利润总额。拥有品牌的餐饮产品和服务对顾客具有更强的吸引力,有利于提高餐饮企业的市场占有率。例如市场上价格居高不下的茅台酒,品牌即是其质量的保证、价值的基础、消费的信心和需求的保证。

二、餐饮企业品牌策略的步骤

(一)要树立强烈的品牌策略意识

在餐饮市场上人们信任品牌、追逐品牌,是因为品牌提供的产品和服务拥有的鲜明形象已经被消费者熟知,因此,餐饮企业创品牌的核心策略应当是设计开发满足市场需要的餐饮产品或服务,这是创品牌的基础。优秀的品牌已被消费者广泛接受,代表着积极餐饮文化的形象,它需要餐饮企业长期的努力,坚持自己的理念和文化宣传。优秀的品牌更是企业的无形资产,是企业赢利的强大助力,优秀的品牌定位与企业的经营目标相辅相成。综上所述,不难看出一个餐饮品牌的建立是一个历时长、关联复杂的策略过程。

(二)针对目标市场确定品牌策略

首先,餐饮企业资源的有限性,使企业不可能为所有的细分市场提供产品及服务,其次,由于各个细分市场的规模、需求、竞争状况不同,并不是任何一个细分市场都适合餐饮企业进入。因此,餐饮企业必须依据自身资源的特点开展调研,选择能发挥资源优势且规模适宜、前景看好的细分市场,确定合理的产品组合宽度、深度和关联度，这样才能在竞争中保持优势，向顾客提供更好的餐饮产品和服务，为创品牌提供坚实的基础。由此可见，正确选择目标市场是创品牌的前提。

（三）品牌文化明确的规范化、集约化、特色化经营

实施餐饮品牌规范化管理是餐饮企业实施品牌策略的立足点之一。餐饮企业在创建品牌产品时，不但要在"硬件"上进行管理，还要不断提高运用信念、理想等"软件"管理餐饮企业的水平，促进餐饮企业管理水平的全面提高。但无论"硬件"还是"软件"，究其根本还是要靠企业人力资源的开发和管理。人是提高餐饮产品质量、强化管理、搞好服务乃至塑造企业形象的根本。品牌不仅仅是企业对外的营销形象更是企业统一的经营理念，企业不但应在产品和服务的设计、生产、销售等环节树立品牌意识，更应从内部管理和环境氛围上宣扬构建品牌文化。

集约化本意是指在最充分利用一切资源的基础上，更集中合理地运用现代管理与技术，充分发挥人力资源的积极效应，以提高工作效益和效率的一种形式。餐饮企业想要达到餐饮品牌集约化经营，首先，应当把质量经营放在重要的位置上，餐饮企业应当在资产质量、负债质量、管理质量、服务质量等方面提高档次。其次，应当将生产要素集中，使经营达到集团化、规模化。再次，集约化经营是以提高效益为最终目标，所以餐饮企业应全力向"低投入、高产出"和"多、快、好、省"的经营目标努力。第四，不断提高品牌高科技含量也是集约化对餐饮企业提出的重要要求，其中事先服务手段电子化是集约化经营的突出表现。最后，建立优胜劣汰的用人机制，启用优秀人才参与日益激烈的市场竞争，也是集约化经营的主要特征之一。

特色化经营能给餐饮企业带来具有特色的成文或不成文的技巧能力，它具有独特和不易模仿的特点。特色的形成、培育与提升不是一蹴而就的，它是一个逐渐累积的过程，它涉及企业经营的文化理念、经营战略、服务宗旨与管理模式诸多方面。企业应通过酒店或者饭店的社会名气、建筑及地理优势在营销文化、组织结构和服务信誉上充分体现"特色化餐饮企业"的管理本质，打造出独特的核心竞争力。

（四）迎合消费者需求的产品及服务设计

优质完善的餐饮产品和服务是企业向顾客表达尊重的最好方式，餐饮企业提供给消费者的最终产品和服务是品牌的承载。优质的产品和服务能减少消费者的错误购买，彰显餐饮品牌的美誉度、可靠度。优质的餐品和服务可保证顾客良好的用餐体验，从而有利于提升企业和品牌的形象。

（五）充分展示自身优势的品牌推广宣传

推广宣传对创品牌发挥着巨大的作用，在餐饮品牌策略中占有非常重要的地

位。充分展示自身优势的宣传可以提升品牌的知名度、美誉度和市场占有率。

在现代社会中,餐饮企业面对的是竞争者众多、市场空间广阔的外部环境。在这种环境下,餐饮企业应用不同的宣传途径和新颖独特的展示方式充分展示自身优势成为品牌推广的有效途径。

三、餐饮企业创立品牌的辅助策略

餐饮企业要创立品牌还需要一些必要且不可忽视的辅助策略,例如,包装设计策略是直接影响餐饮企业竞争力的重要因素。餐饮产品包装不但具有延长餐饮产品保质期、方便储运的作用,而且优秀的餐饮产品包装能够美化餐饮产品、提高餐饮产品档次、增加产品吸引力,有助于树立品牌形象。方便人性化的包装设计还可以向餐饮消费者传递建议的食用分量、辅助搭配等信息。餐饮消费者可以通过精巧的包装设计体会到餐饮企业的人性关怀。

餐饮企业创立品牌的辅助策略对增加品牌的知名度、美誉度和市场占有率有重大的辅助促进作用。常见的辅助策略有人才储备培养、销售渠道、价格定位等。

四、餐饮企业品牌维护策略

餐饮企业创出名牌之后,仍不能松懈,需要对品牌进行精心的呵护,否则品牌会很快衰落。餐饮品牌遭受危机不外乎两个方面的原因:一是餐饮企业不注意对自己的品牌进行保护,导致品牌衰落。如曾经红遍全国的"春都"火腿肠。"春都"火腿肠是在河南洛阳诞生的,并迅速在市场走红。"春都"火腿肠将国外的先进经验与中国的现实国情及中国人的饮食习惯有机融合在一起,创造出了"85%的精瘦肉加常温条件下三个月以上的保质期"这一富有独创性的中国式火腿肠。然而,"春都"在品牌被认可后冒进发展,一心想扩大产业面、产业链,兼并收购多家近乎倒闭破产的工厂,导致资金链脱节。一味扩大生产的同时,原料、技术无法保证,质量严重下滑,火腿肠变成了淀粉肠。这些都导致了春都品牌的没落和消失。二是其他原因造成的品牌损害。品牌蕴含着巨大的利益,很多人想尽办法从中谋取利益,如抢注名牌商标、仿冒名牌商标、生产假冒名牌产品等,其结果是破坏了品牌的声誉。

因此,创出名牌的餐饮企业必须高度重视品牌的维护,制定和实施品牌维护策略以确保品牌经久不衰。企业应当强化经营管理,不断创新,为品牌提供坚实的基础,并运用法律武器和其他手段保护品牌不受侵害。

第二节 餐饮企业的主题营销策略

案例导入

主题餐厅

伴随着"体验经济"时代的到来,越来越多的客人已不再将果腹、美味作为外出用餐的主要期望。他们将餐饮消费视为一次完整的经历,在味蕾愉悦的同时期盼浪漫、悠闲、轻松或刺激的用餐体验。因此,一种在欧美国家非常流行的餐厅形式——主题餐厅悄然在我国兴起。

主题餐厅是在用餐同时为求新求变的客人提供独特的用餐意境的餐厅。它使顾客经过观察和联想,进入期望的主题情境,如"亲临"世界的另一端、重温某段历史、了解一种陌生的文化等。

在上海静安区就有这样一座武侠主题餐厅。该餐厅内按武侠小说布陈,客人可选择自己喜欢的武侠帮派区域落座。"丐帮""华山派"等都在小店中有自己的地盘。来用餐的客人被称为"大侠""女侠"。如武侠小说中一般,穿梭的服务人员是店小二,不绝于耳的是小二和大厨"好嘞!"的应声。命名为"黯然销魂饭""一阳指"的饭菜充满武侠味道。对饭菜不满意时要拿出"侠士"的豪气,命小二撤去。小二和客人作别时还要充满江湖气地道一声"青山不改,绿水长流,后会有期,恕不远送"。

除此之外,还有童话儿童餐厅、情侣浪漫餐厅、温馨的怀旧餐厅、新奇的黑暗餐厅、怪异的厕所餐厅等。

请分析:案例中的武侠餐厅的营销内容涉及主题营销的哪些层次?

一、主题营销的概念及内容

餐饮企业主题营销是餐饮企业以个性化的服务取代刻板的、模式化的服务,使餐饮消费者在享受个性化服务的同时获得情感、情绪上的体验,并在餐饮企业所营造的文化氛围中实现精神上的享受或产生情感上的共鸣,从而达到甚至超越消费者的餐饮消费预期满足感的营销策略。它的核心是特定的主题,是通过有意识地发掘、利用或创造这个主题来吸引消费者,创造生产价值,实现企业经营目标的一种营销方式。

餐饮企业的主题营销的内容主要由主题产品营销、主题品牌营销和主题文化营销三个方面构成。

(一)主题产品营销

餐厅的主题产品及其附加服务是其主题营销的基础和支撑。餐厅通过对原有主题产品的改进、新主题商品的开发或其他营销手段等尽可能地把产品和主题相结合,令消费者产生认同感。当主题与产品之间纽带强化时,餐饮企业可以通过主题获得更高的产品销售额或利润。如月饼很容易成为中秋节的主题产品。很多餐饮企业推出冰皮月饼、冰激凌月饼和巧克力月饼,口味上丰富了月饼的选择性、成分上颠覆了消费者对月饼的认知。为加强产品与主题之间的联系,企业可以通过大量的广告、抽奖促销、外包装修饰、赠品品尝等手段突出不同形式月饼相同的对甜蜜、吉祥的寓意。

主题产品营销是第一层次的主题营销,是基础,但这种纯粹的以产品销售为目的的市场营销策略无法单独形成令消费者有参与感的主题餐饮消费体验。

(二)主题品牌营销

主题品牌营销的重点是主题产品的品牌,它不再仅着重对单个产品的主题纽带构建,而是注重对主题品牌的整合和辅助条件的叠加。通过对主题品牌的塑造,可以提高餐饮企业的独特性,令企业被消费者识别,从而提升其影响力和声誉。被消费者认可的主题品牌能提高顾客的忠诚度,带来固定持续的购买和较高的利润保证。如现代创意川菜的代表品牌俏江南,对主题品牌的注重,实际上超出了主题产品的层次。雅致的环境、体贴的服务、充满创意的菜品、优质的食材和较富裕消费群体构成都成了它的品牌内涵。它的目的不再是短期的销售,而是较持续性的利益争取。从竞争层次上讲,主题品牌营销已经上升到品牌的竞争,这是一种更高层次的竞争,它表明餐饮企业对顾客利益的进一步拓展和维护。

(三)主题文化营销

主题文化营销则是更高层次的主题营销方式,它的营销重点不是具体的产品或某一个品牌,而是主题中所蕴含的文化。主题文化是引导消费者购买行为较深层次的东西,它自觉或不自觉地影响着人们的消费决策。主题文化不仅仅停留在产品或品牌上,还可以通过其他方式表现出来,如礼仪、制度、消费程序,以及颜色和声音形成的文化氛围等。因此,主题文化是一个复杂的多层次的综合体。如上海瑞金宾馆太原别墅中的中餐厅。它依附的太原别墅主楼建成于1928年,整座法式建筑是欧洲文艺复兴晚期风格的花园住宅,接待过毛泽东主席、美国的马歇尔将军等历史名人。其中餐厅在坚持原有风格的基础上请英国设计师主持内部装修,百年前的木制地板、水晶吊灯、落地窗令用餐者有穿越时空的感觉。引入洲际集团的管理后,整个餐厅仍保留其老上海风格,在这里还能找到老上海时代的服务铃。这些都营造了它难以复制的老上海文化,来这里用餐的客人会不经意放慢节奏,并让动作更优雅一些。

二、主题营销的特点

主题餐饮企业作为一种新型的餐饮经营业态在未来将会得到进一步的发展。

主题餐饮企业应理性地运用主题产品营销、主题品牌营销和主题文化营销的市场策略,创造生存的条件和发展的优势。优秀的主题营销往往具备以下三个特点。

(一)营销主题参与性高

相同主题营销的餐饮企业带给消费者的体验满足感会因参与程度不同而效果迥异。被市场认可的主题营销往往是能激发较多消费者参与热情的营销主题。这种激发往往源于某种感官刺激,这些感官信号足够强烈,足以促进消费者有参与体验的渴望。所以主题餐厅往往会从色彩设定、装饰品、餐具、服务员着装、菜品设计、配乐选择等多方面加强对同一主题的氛围营造,通过强烈的感官信号激发消费者的参与热情。

(二)营造差异化

差异化是所有营销策略的核心,在主题营销中,企业处于相同的时间、向相同的市场提供相似产品,有限的时间和空间使得企业之间的竞争更加残酷,也使企业提供差异化产品营销策略具有战略意义。让餐饮产品形成差异化的途径有:主题差异化、产业差异化、市场差异化、产品差异化、品牌差异化、氛围差异化、渠道差异化、促销差异化。

餐饮企业采取差异化策略时,不仅要分析与竞争者在资源和能力上的区别,选择最具有企业自身优势的差异化,更要有效地向目标市场显示这种差异化与竞争者的不同。也就是说,有效的差异化不仅建立在企业的优势资源的基础上,更重要的是让顾客能够觉察和分辨开来。

(三)营造持续性

持续性要求餐饮企业除了通过主题营销吸引顾客来消费之外,还要注重如何让消费者的体验产生持续影响,带动其再次消费,甚至让其成为忠实顾客。餐饮企业希望的不是销售数量的一次爆发,而是总体消费额的增加。因此,餐饮企业必须在主题营销的同时,做到以下几点:①保证顾客基本餐饮体验的完整、优质;②主题内容要统一,还要构成层次丰富;③营销中积极积累自己的客户资源,尊重顾客、关心顾客,促进老顾客的产生;④不断完善营销不同环节,修正服务缺陷。

三、主题营销的关键问题

主题营销的关键问题是如何实施体验营销。

科特勒把消费者的行为分成三个基本阶段:一是量的消费阶段,即人们追逐想买的以及具有能力购买的商品;二是质的消费阶段,即寻求货真价实、有特色、质量好的商品;三是情的消费阶段,即注重购买商品的情感体验和人际沟通。

现代社会中,随着餐饮市场同质化竞争加剧,消费者在餐饮企业的消费不再仅为了满足饮食饱足的基本要求,而是更加注重质高价优,进入体验经济时代。即科特勒所说的消费者的行为的第三个阶段——情的消费阶段。

这要求餐饮企业在主题营销初期应充分研究顾客的消费行为并关注顾客体验需求的满足,重新审视餐饮企业的营销思路;在主题营销过程中从多方面完善和创新服务,开展体验营销,在更好地满足顾客需求的同时为企业创造价值,提升品牌形象。

四、主题营销的构建

(一)寄文化营销的内涵于产品

餐饮企业文化营销是指在营销过程中注重餐饮企业产品的文化意义和作用,把象征人们特有的价值观、审美情趣、行为取向的文化内涵融入到餐饮企业产品中,以文化突出产品,以文化带动营销。

餐饮企业产品文化营销是指餐饮企业在设计生产产品时,要更具目标顾客的文化背景和餐饮企业战略目标,把消费者认同的民族文化、地区文化或现代文化融入其中,满足消费者的文化需要。在注重产品文化与目标市场文化适应的同时,应将文化蕴于产品设计、生产环节,创造全方位、高品位的文化氛围,以文化装饰和点缀餐饮企业产品,增强产品的亲和力,提高顾客满意度。其关键在于塑造产品的文化形象。产品的包装造型既可体现自身的民族地域文化特色,也可体现异国他乡的文化风采;既要继承优秀的传统文化,又要创新、发展、融合时代文化风貌,巧妙地利用文化差异增添产品的魅力。

(二)通过人员服务传递文化营销的内涵

主题设施与产品的设计以及主题活动与服务的提供等为顾客提供有价值的、难忘的文化体验。而顾客接受体验的全过程离不开人员服务,人员服务理应成为体验营销组合必不可少的关键要素。如果把整个体验营销过程比作一场演出,由于体验式餐饮企业通过人员服务直接或间接提供给顾客视觉、味觉、听觉、触觉、嗅觉上的刺激,让顾客获得信息,得到体验满足,那么餐饮企业的全体人员充当着演员的角色,只有他们极好地凸显出餐饮主题,才能吸引和打动观众,即消费者。沟通作为重要因素深入主题营销的全过程和各个方面,只有通过人员与顾客之间的沟通,才可以挖掘出顾客潜在的心理需求,有针对性地进行体验设计。主题餐饮企业虽然可以借助于建筑、装饰、产品等表现自身主题取向,但服务人员与顾客的沟通更加重要。顾客在主题餐饮企业消费是为了获得知识、增长见识、开阔视野,服务人员应通过与顾客加强沟通,支持顾客深入学习和研究本餐饮企业的特质。

(三)营造体验环境

有的餐饮企业会将建筑模型作为纪念品赠送给顾客,建筑模型不仅可作为精美的工艺品供顾客观赏之用,还能起到一定的宣传效果,加深顾客记忆。主题餐饮企业要充分利用体验环境形成差异化的竞争优势。主题餐饮企业以特定的主题贯穿于服务的全过程,并在体验环境中注入文化、历史、美学、自然、娱乐、时尚、民俗风情等元素与主题有机融合,可激发顾客的兴趣和情感,使顾客主动参与互动,在此过程中,不仅可引起顾客的情感共鸣,满足顾客的体验需求,同时也可提升产品的附加值。体验环境的主题和风格需要通过细节展现,细节彰显专业化。通过细节的巧妙设计,可以激发顾客对主题的情感,并使顾客保持持久的记忆。主题餐饮企业通过色彩、线条、形状、光线等的组合,以及装饰的审美处理,创造艺术化的审美空间,营造一种互动的、有情趣的、被理解和被尊重的氛围,使顾客在审美主体的引导下,获得个性化审美需求的满足,提供给顾客一种独特难忘的消费体验。为了使顾客对餐饮企业的主题和体验环境留下深刻的印象,并在顾客消费后能唤起其持久的记忆,主题餐饮企业可通过纪念品作为体验环境的延伸部分,为体验环境提供有形的阐释。

(四)疏通主题营销渠道

直接的、简单的、已获得的体验渠道适应体验营销的需要,这种销售渠道能较好地将体验提供给顾客,也有助于企业发现导致消费者情感变化的因素,把握消费者需求,与顾客建立长期关联。只有当服务使顾客产生整体性满意时,才有助于顾客忠诚的形成。

因此,主题餐饮企业可以针对不同顾客群体以不同的渠道提供体验。例如,对外地来的游客可以提供本地风景旅游指南;对于经常有业务往来的顾客,可以办理VIP会员业务,使其享受优先预订服务。此外,餐饮企业还应充分利用网络优势。网络空间天生就是一个提供体验的好地方,便于实施一对一营销,有条件的餐饮企业可开发网络模拟体验功能,既达到推广、宣传效果,又可使顾客一目了然,根据自身偏好进行选择,产生到店前期体验,能有效吸引消费者眼球。通过多种渠道,顾客可以更加深入地了解餐饮企业的主题,获得不同的体验过程。

第三节 餐饮企业的绿色营销策略

案例导入

酒店绿色营销策略

北京某餐厅成立于2005年,开张到现在不足八年,主要是以经营纯餐饮产品为主。但是在它营业的八年多里,已经认识到了绿色营销的必要性,不仅在管理层和基层员工中有了绿色营销的理念,而且已经在日常工作中逐步开展绿色营销。例如在该餐厅用餐的客人都会得到按照人数来控制菜品数量的建议,这样就会避免因客人点菜过多导致的浪费;该酒店的厨师在考虑市场环境和竞争力的情况下,决定生产绿色产品,并且在生产的过程中采用节约能源的方式清洁生产,并在菜单的底页作简单的漫画式介绍,从而在市场上吸引了一些关注绿色消费的顾客,为自己赢得了一定的市场份额;餐厅还注重点滴细节中的绿色节能,在电器开关和电源旁都有在无人使用时及时关闭电源节能的提示,切实为酒店节省了用电成本,更迎合了来用餐的有绿色消费理念顾客的心理期望。

请分析:案例中的餐厅作为绿色营销餐厅迎合了哪些绿色营销的特点? 还可以从哪些其他餐饮企业绿色营销内容入手提升酒店的绿色营销?

一、绿色营销的内涵

绿色营销是在人们追求健康、安全、环保的意识形态下所发展起来的新的营销方式和方法,是指社会和企业在充分意识到消费者日益提高的环保意识和由此产生的对清洁型无公害产品需要的前提下,通过一系列理性化的营销手段来满足消费者以及社会生态环境发展的需要,实现可持续发展的过程。

餐饮企业绿色营销的核心是按照环保与生态原则来选择和确定企业营销组合的策略。所以餐饮企业的绿色营销应是建立在绿色技术、绿色市场和绿色经济基础上的一种经营方式。绿色营销不是一种诱导顾客消费的手段,也不是餐饮企业塑造公众形象的妙法,它是一个将餐饮行业导向可持续发展、永续经营的途径,其最终目的是行业发展与环境资源之间的和谐相处、共存共荣。

餐饮企业作为社会系统中的一个组成部分,其生存与发展与所处的自然生态环境是息息相关的。自20世纪90年代以来,欧美一些国家纷纷推出一系列以环保为主题的"绿色计划",这便是如今风靡全球的绿色营销,它使现代企业步入了集企业责任和社会责任为一体的理性化发展阶段。对于绿色营销的含义,很多学者从不同角度进行了界定,以下四种类型概括最具代表性:

(一)产品中心论

持该观点的学者认为:绿色营销是指以产品生产与环境建立和谐关系作为营销中心点的市场营销手段。它强调以环境保护为宗旨,依托科技从本质上改革产品的结构构成以及与之联系在一起的生产过程,特别是关注消费后废弃物的处理方式。该观点提倡企业社会责任,倡导企业在向环境索取资源生产的同时赞助环保事业,呼吁全社会尽快成立具有权威性的环保国际组织,宣传"绿色知识"的教育,传播绿色意识理念。

(二)环境中心论

持该观点的学者认为:绿色营销是指企业在市场营销中坚持可持续的发展观,保护地球生态环境,反对污染,为子孙后代保有可以利用现有资源的可能性。该理论明确了企业发展时耗费资源的有效衡量标准,即在不影响后代应用资源的权利和在资源可再生的前提下合理使用资源。

(三)利益中心论

持该观点的学者认为:绿色营销并非是企业追求利益的限制,而是通过协调和创新实现企业自身利益、消费者需求和环境利益的和谐统一。在这一利益兼顾的构架下对产品和服务的观念、定价、促销和分销的策划和实施过程才是绿色营销。

(四)发展中心论

持该观点的学者认为:绿色营销是一种当下发展与未来发展可能性的统一。绿色营销是能辨识、预期及符合消费者与社会需求的情况下,可带来利润及不可忽视的永久持续性经营的管理过程。

综合以上四种主流观点,不难看出所谓的绿色营销旨在追求在营销活动中达到谋求消费者利益、企业利益、社会利益和生态利益的统一。面对当前的社会需求和企业发展需求,企业有责任充分满足消费者需求,实现企业利润目标;面对未来的发展需求和子孙后代的利益,企业更有义务在生产营销过程中充分注意自然生态平衡。当今企业的绿色营销,就是要以环境保护理念作为其经营哲学思想,以绿色文化作为其价值观念,以消费者的绿色消费为中心出发点,力求满足消费者绿色需求的长期性、全局性、系统性的营销策略。

二、绿色营销的特点分析

对现代餐饮企业来说,实施绿色营销已经成为企业长远发展中不可避免的生存之路。当餐饮企业开始关注绿色营销时会发现,与传统的营销方式相比,绿色营销是基于绿色需求、绿色消费、环境保护而产生的,两者既有密切联系,又有明显区别。绿色营销具备下列明显特点:

(一)营销目标从最大限度地刺激消费转为追求可持续消费

绿色营销中餐饮企业不仅仅是餐饮市场需求的满足者,更是餐饮需求的引导者。与其为可持续的消费而抑制消费者对餐饮产品和服务的需求,不如转变为适当的疏导。绿色营销不仅要求餐饮企业树立绿色观念、生产绿色产品、开发绿色产业,同时也要求广大餐饮消费者购买绿色产品,对有害产品进行自觉抵制,树立绿色观念。绿色营销也是降低餐饮生产资源消费,提高经济效益的重要途径。如何将不环保的餐饮消费方式和需求转化为可持续的消费是餐饮企业在绿色营销中面临的新的挑战。这并非是某个餐饮企业单独面对的挑战,而是整个餐饮行业为谋求可持续发展共同面对的挑战。因为只有"绿色企业"才有竞争力。绿色营销的兴起与发展,进一步培育了消费者的环保观念。大量绿色食品的出现,已掀起热爱绿色食品的浪潮,促进了绿色消费意识的形成。在餐饮企业中可降解餐饮用具的使用,不仅减少了"白色污染",也增强了人们保护环境、防止污染的意识。消费者环保观念的进一步培育与加强又直接作用于可持续发展的进程。

(二)营销服务的对象从消费者扩展到消费者和社会

绿色营销强调社会效益与企业经济效益的统一。传统营销是紧盯市场的策略策划,它最应关注的就是消费者。但当餐饮企业步入绿色营销的时代后,从产品和服务内容的设计,到产品生产加工过程,乃至餐饮垃圾的处理等环节无不应兼顾社会的总体利益。餐饮企业的营销也由单一的关注消费者扩展到兼顾消费者和社会。企业在制定产品策略的实施战略决策时,既要考虑到产品的经济效益,又必须同时考虑社会公众的长远利益与身心健康,这样,产品才能在大市场中站住脚。人类要寻求可持续发展,就必须约束自己,尊重自然规律,实现经济、自然环境和生活质量三者之间的相互促进与协调。社会公众绿色意识的觉醒,使他们在购买产品时不仅考虑产品对自己身心健康的影响,也考虑产品对地球生态环境的影响,并会谴责破坏生态环境的企业,拒绝接受对环境有害的产品、服务和消费方式。

(三)顾客的性质发生重大变化

传统营销仅仅把人看作消费者,其研究的出发点是如何通过营销活动满足其消费需要。绿色营销则把人看作是具有多样化需求的"社会人",消费需要只是"社会人"需要的一部分。绿色营销就是研究如何通过企业的营销活动满足人的物质、精神等多方面的需要,如何从毫无约束地消耗物质资源转向保护自然资源的合理消费等方面的问题。

(四)需要的含义大大发展了

传统营销所指的"需要",是消费者单一的物质欲望和需要。绿色营销则认为,人的需要和欲望具有多样性,包括物质需要、精神需要、生态需要等。这些需要和欲望可能是相互冲突的,其中生态需要是人本能的、潜在的需要。绿色产品的标准尽管世界各国不尽相同,但都是要求产品质量、产品生产及使用消费和处置等方面符合环境保护要求、对生态环境和人体健康无损害的产品标准。

(五)对顾客满足进行重新定义

餐饮企业绿色营销综合了市场营销、生态营销、社会营销和大市场营销观念的内容。市场营销观念的重点是满足消费的需求,"一切为了顾客需求"是企业制订一切工作计划的最高准则;生态营销观念要求企业把市场要求和自身资源条件有机结合,企业的发展也要与周围的自然、社会、经济环境相协调;社会营销要求企业不仅要根据自身资源条件满足消费者需求,还要符合消费者及整个社会的目前需要及长远需要,倡导企业发展符合社会长远利益,促进人类社会自身发展;大市场营销,是在传统的市场营销四要素(即产品、价格、渠道、促销)基础上加上权力与公共关系,使企业能成功地进入特定市场,在策略上必须协调地使用经济、心理、政治和公共关系等手段,以取得有关方面的合作和支持。绿色营销观念是多种营销观念的综合,它要求企业在满足顾客需要和保护生态环境的前提下取得利润,把三方利益协调起来,实现可持续发展,使消费者不仅得到作为经济人的产品需求的满足,而且得到作为社会人的"社会责任"深层需求的满足。

(六)企业文化发生本质变化

在传统营销条件下,企业文化在本质上是竞争文化,竞争文化不利于环境保护,甚至会产生不利于环境保护的后果。在绿色营销观念下,企业实施绿色文化,更多地注意"人"的导向、"人"的价值,把竞争对手、上下游企业更多地当作伙伴,尤其是环境保护的合作伙伴。此外,企业要与其他生产商、分销商及顾客之间彼此配合,共同承担对生态环境平衡、社会资源节约的责任和义务,合力创造绿色生产、营销氛围,营造环保时代竞争式的合作文化。

三、餐饮企业推出绿色营销的作用分析

(一)有助于餐饮业实现可持续发展

人类在享受工业科技带来的便捷时,也给大自然造成了严重污染,社会的可持续发展受到了前所未有的挑战。因此,世界各国从未像今天这样重视环保,重视绿色发展。要保证餐饮业在国民经济中的重要地位,尤其是在餐饮业发展蓬勃的地区,实施餐饮企业绿色营销意义深远。餐饮企业实施绿色营销将对实现餐饮业的可持续发展有重要作用。

(二)有助于餐饮企业占领市场和扩大销路

随着公众环境意识的增强和生活水平的提高,人们逐渐认识到,追求物质享受、过度地消费自然资源将加深这个星球和人类自身的危机。以保护环境为特征的绿色消费正影响着人们的消费观念和消费行为,成为一种新的时尚。世界各国连年掀起绿色消费的高潮。餐饮企业通过绿色营销,提供消费者所需要的绿色产品,满足消费者的绿色需求,可以扩大市场占有率,促进餐饮企业占领市场,使餐饮企业发展前景更加广阔。

(三)有助于营造企业绿色文化

绿色营销可以推动新型的绿色文化的发展。绿色文化是一种以追求环境与人类和谐共存和发展的新型文化,通过绿色营销活动,可以协调"企业—保护环境—社会发展"的关系,使经济发展既能满足当代人的需要,又不至于对后代人的生存和发展构成危害和威胁。

(四)有助于餐饮企业提高经济效益

绿色营销的过程就是饭店努力提高资源和能源的利用率,尽可能减少环境污染或不污染环境,实现可持续发展的集约化经营的过程。通过这个过程,餐饮企业

可以从比较深的层次来考虑技术开发和产品更新换代,提高餐饮企业经济增长的质量。同时,随着消费者绿色环保意识的增强,购买绿色产品已成为时尚和趋势,通过实施绿色营销则有利于餐饮企业占领市场、扩大餐饮企业的市场份额。

四、餐饮企业绿色营销的主要内容

(一)树立绿色企业形象

企业形象是企业的各方面形象的综合反映,既包括企业经营者、管理者及各类人员的形象,又包括企业产品、经营方式、经营效果及企业建筑物、有关标志等方面的形象。因此,必须从各个方面综合考虑制订企业形象策略,形成统一的整体形象。树立绿色企业形象一方面要使绿色营销的概念深入全体员工的意识中,使之达成共识并共同为树立绿色企业形象而努力;另一方面,对外界要加强宣传力度,使广大公众认可。

(二)开发绿色产品

所谓绿色产品是指对社会、对环境改善有利的产品,或称无公害产品。绿色产品是绿色营销的基础,也是其关键性的一环。绿色产品开发应注意以下两点:

(1)在设计产品时,应以节省材料、减少污染为目标,最好选用无毒、无害,容易分解处理的材料,着重使用无公害、养护型的新能源、新资源。

(2)推行企业清洁生产,必须实行全面绿色质量管理。具体可以概括为"五R"原则:一是研究(Research),即重视对本企业的环境对策的研究;二是减消(Reduce),即搞好"三废"治理,减少或消除有害废弃物的排放;三是循环(Recycle),即对废旧产品进行回收处理,循环利用;四是再开发(Rediscover),即变普通商品为绿色商品;五是保护(Reserve),即加强对员工和公众的环保宣教,积极参加社区的环境整治,树立绿色企业的良好形象。

(三)制定绿色价格

绿色价格是指附加了绿色价值而高于传统产品价格的价格。开发绿色产品,通常需要使用新技术,实行清洁生产,这在客观上提高了绿色产品的价格。但价格是消费者购买产品的主要决定因素之一,这种状况必然影响绿色产品的发展前景。因此,应认真理顺绿色产品价格,制定广大消费者普遍认可的价格,使绿色消费全方位地步入我国消费市场。产品定价过程中,必须考虑政策因素和市场因素。

(1)按照国际上通常的做法,政府应允许绿色产品的价格比同类产品价格上浮一定的比例。如芬兰政府允许绿色产品价格上浮30%以上;日本绿色产品的价格比一般产品价格高20%以上。

(2)其次,要注意绿色产品在消费者心目中的形象,根据目标市场购买者的消费心理、购买行为、购买能力、产品的市场进入难度及竞争强度等因素来决定产品的经营利润及其赢利方式,选择产品的定价策略。

（四）建立绿色分销渠道

绿色营销能否成功实施,很大程度取决于绿色分销渠道建设的好坏。选择恰当的绿色销售渠道是提高绿色产品市场占有率、扩大绿色产品销售量、成功实施绿色营销的关键。企业应从如下几个方面来努力：

1. 在大中城市建立绿色产品销售中心

大中城市一般具有优越的地理位置,向周边城市的辐射能力强。在大中城市建立销售中心既可以作为一个销售窗口展示全国及本地区的绿色产品又可以作为一个信息窗口沟通生产企业与市场的联系。

2. 建立绿色产品连锁商店

绿色产品销售网点可以借鉴国内外连锁商业的成功经验,结合本地具体情况,实现统一商号、统一价格、统一核算、统一管理。同时还可以成立连锁总店的配货中心,组织联购分销,这样既可因大批量直接进货享受价格优惠,增强与其他同类产品的竞争力,又能够缩短渠道,减少污染。

3. 借助现有的中间商营销渠道,建立一批绿色产品专柜或专营店

选择中间商时,要把重点放在与本企业有相同的环境保护意识,有良好的绿色企业形象,并能真正合作的中间商上。商店一般要选择繁华地段、居民文化层次比较高的地段及客流量比较大的地段。

（五）实行绿色促销

绿色促销与传统意义上的促销相比更加突出强调绿色因素。绿色促销的目的是通过绿色信息的传递,树立企业和产品的绿色形象,使之与消费者的绿色需求相协调,从而吸引消费者并增强其市场竞争力,进而促进绿色产品销售量的增加。

（1）绿色广告是宣传绿色消费的锐利武器,可以引导消费者选择有利于个人健康和人类生态平衡的绿色产品。

（2）绿色公关是树立企业及产品绿色形象的重要传播途径,绿色公关能帮助企业更直接、更广泛地将绿色信息传递到绿色广告无法到达的细分市场,给企业带来竞争优势。

（3）人员推销是企业主要的促销通道之一。要有效地实施绿色营销策略,推销人员必须详细了解本企业产品的绿色诉求所在,同时要详细回答消费者所关心的健康、环保等一系列问题。

（六）加强绿色销售服务

绿色销售服务是指产品的售前、售中、售后过程中以符合节省资源、减少环境污染为原则的全过程服务。销售服务作为市场交易的重要组成部分,对市场的高速有效运行起着促进作用。在绿色营销中,应将绿色销售服务贯穿于整个销售过

程,尤其是售后服务。其目标是既要满足消费者的绿色消费需求,也要节约能源和资源,鼓励重复使用、回收利用和循环再生,减少污染和二次污染,从而引导消费者自觉地进行绿色消费,增进环保意识。企业应建立良好的销售服务网络,负责绿色产品的销售服务、咨询、维修和回收。同时,服务网络的布点要合适,布点要有足够的服务覆盖面。

(七)加快绿色认证工作

企业实施绿色营销突破绿色壁垒进入国际市场,关键的一步就是要获得"绿色通行证",即 ISO14000 认证和绿色标志认证。我国政府有关部门已经为企业申请认证提供了初步条件,企业应主动了解有关绿色认证方面的信息,根据企业自身行业特点、国际化程度、企业规模等具体情况采取行动,条件成熟时要积极申请认证,条件还不成熟时也要积极为申请认证做准备。

课后练习

一、单选题

1. 清晰的餐饮企业品牌策略能有效地将企业内部员工的奋斗方向做到宏观上的统一,这是品牌策略对于餐饮企业意义的哪方面体现?(   )。
   A. 良好企业形象的树立   B. 产品销售的提升
   C. 企业员工向心力的建立   D. 提高经济效益

2. 下列属于餐饮企业创立品牌的辅助策略的是(   )。
   A. 品牌文化明确的规模化经营   B. 餐饮企业人才储备培养
   C. 迎合消费者需求的产品设计   D. 展示独特优势的推广宣传

3. 情人节时餐饮企业针对提供情侣套餐的菜单进行大力宣传的主题营销,属于(   )。
   A. 主题文化营销   B. 主题品牌营销
   C. 主题环境营销   D. 主题产品营销

4. 绿色营销并非是企业追求利益的限制,而是通过协调和创新实现企业自身利益、消费者需求和环境利益的和谐统一,是下列哪类观点?(   )
   A. 产品中心论   B. 环境中心论
   C. 利益中心论   D. 发展中心论

二、简答题

1. 简述餐饮品牌策略的意义和作用。
2. 根据餐饮企业主题营销重点的不同可将主题营销分为哪三个层次?
3. 主题营销有哪些特点?
4. 建立绿色分销渠道的企业应从哪几个方面来努力?

三、案例分析

伴随着"怕上火就喝王老吉"的广告语,王老吉早已经成为家喻户晓的凉茶品牌。但2011年4月11日,王老吉商标出现所属风波,红罐凉茶所属的加多宝集团对声称拥有"王老吉"商标品牌的广药集团进行举报。由于商标使用权前景不确定性,加多宝开始了"去王老吉化"品牌策略,2012年3月加多宝声明,红罐王老吉启动全新包装,强化"加多宝"品牌,广告语也从以前的"怕上火喝王老吉"变更为"正宗凉茶,加多宝出品",连平面海报也很难找到"王老吉"商标踪影。尤其在尘埃落定,加多宝失去王老吉商标后,加多宝展开了加多宝重塑品牌和产品组合优化的步骤。为了使消费者能很自然地过渡到加多宝,吸引住原有消费群体,加多宝同时对正宗凉茶的配方进行了改良与深加工,从本质上实现"去王老吉化",充分有效地满足市场的需求。

结合案例谈谈品牌维护策略对企业的意义。

第八章 餐饮企业促销管理及促销策略

引 言

餐饮企业促销管理工作是餐饮企业完成整个销售工作的重要环节,是实现餐饮产品和服务与货币交换的过程。通过对本章的学习了解餐饮企业促销管理工作的重要性和内容,树立促销预算的观念;对现在广泛使用的餐饮企业的公共关系促销策略有所了解;可以根据餐饮企业的自身特点设计促销组合战略;可以对餐饮广告进行简单的效果测定;明确公共关系促销策略对餐饮企业的重要性;了解餐饮企业的广告宣传策略和其他促销策略。

学习目标

- 了解促销及促销组合对餐饮企业的重要性。
- 明确餐饮企业促销管理的主要内容。
- 树立促销预算意识。
- 掌握促销组合策略及其特性。
- 明确餐饮企业公共关系的活动原则和模式。
- 了解餐饮企业公共关系活动的策略。
- 了解餐饮企业广告宣传促销策略。
- 了解餐饮企业网络促销策略的应用。
- 了解餐饮企业其他策略的应用。

关键词

餐饮促销、输出者、编码、信息与媒介、译码、接受者、反应、干扰、信息内容、信息结构、信息形式、促销预算、销售百分比法、竞争对手相似法、目标法、公共关系

☞ **案例导入**

红酒品牌目前在消费者心目中的认知形象非常模糊,虽然提起××红酒品牌,消费者感到似曾相识,但对产品缺乏必要的了解。××红酒的突出优势是国际型红酒品质,但这种信息并未传达给消费者。消费者不了解产品,要引起其购买欲望,难度自然增大。加上××红酒进入市场时间短,消费者接受程度自然不如张裕、长城及王朝等老品牌。

另外,××红酒口感偏酸,而国内消费者更易接受甜酸型口感的葡萄酒,这也阻碍了消费者对其重复购买。

因此,引导消费者接受正宗的葡萄酒,普及红酒知识,是××红酒广告宣传的重点。可以平面广告为主,向消费者传达如下信息点:

真正意义上的干红酒(纯正的红酒)口感应该是偏酸型的;

钓鱼台国宴唯一指定红酒;

××红酒是正宗的波尔多国际品质的红酒,采用创建于18世纪的波尔多庄园酿酒葡萄品种——玫瑰蜜(ROSE-HONEY)精酿而成;

××红酒酒业是集葡萄种植、酿造、销售一体化的产业集团,从而能够充分保证每一瓶××红酒的优异品质;

以××红酒的名义倡导红酒文化,以红酒特有的小资情调吸引高生活品质者成为××红酒的忠实消费者。

让消费者明白什么样的红酒才是优质的红酒,才能引导其形成正确的购买行为。只有当消费者形成了"喝红酒就要喝××红酒"的时候,即形成良好的市场"拉力"时,才能减轻目前必须在终端保持持续的强势促销才能保证销量的销售压力,进一步降低销售成本和市场费用,形成良性循环。

(案例来源:职业餐饮网. http://www.canyin168.com/glyy/cygl/cycx/201209/45977.html)

请分析:请结合餐饮企业促销管理的重要内容对案例中的××葡萄酒促销内容进行分析。

第一节 餐饮企业促销管理的工作内容

在餐饮市场中,营销的作用越来越重要,促销作为营销的一个组成部分,所包含的内容越来越多,分工越来越细。因此,各种促销手段的使用,将直接影响营销活动的效果。

一、餐饮促销及促销组合

所谓餐饮促销,即让餐饮消费者及时和尽可能多地了解餐饮企业的产品及服务的相关信息,以达到加快销售速度的目的。促销组合指餐饮企业为达到预期促销效果而将传统的三种主要促销手段大众推广(Mass selling)、人员推销(Personal selling)、销售促进(Sales promotion)和新兴的网络营销(Internet promotion)相结合,并适当搭配运用的促销手段。大众推广又可细分为制作广告和出版各类宣传品,如图8-1所示。

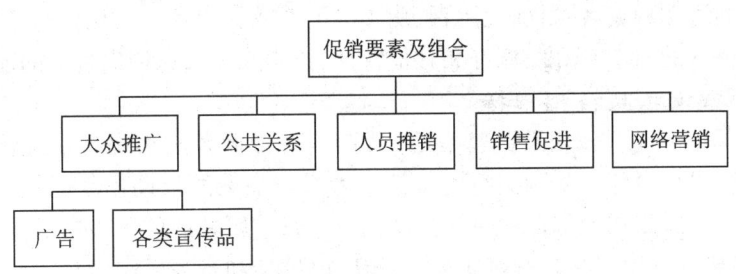

图8-1 促销组合

人员推销是指推销员与消费者直接交流,促成买卖交易的实现。人员促销在餐饮营销中最为普遍,餐饮企业为餐饮消费者提供点餐服务时的餐品介绍、推荐、咨询服务都是典型的人员推销。大众推广和销售促进又称作非人员推销。大众传播主要是向大众传播信息,增强客源市场的公众对企业所提供的产品及服务的了解,提高自身的知名度。大众推广更加注重整体企业文化和品牌形象。销售促进包括为了刺激需求而采取的能够较快产生作用的促销措施,如举办或参加美食节、美食博览会,开展有奖、折扣推销,加工示范表演,放映介绍产品的电影、录像、幻灯片等。

可见,餐饮促销行为又可分为两部分:第一,鼓动型宣传,又称形象宣传,旨在树立本企业乃至本行业的形象,提高本企业在目标客源市场的知名度,促使餐饮消费者和潜在消费者做出倾向性选择(这类宣传不仅涉及某一单体餐饮企业,还会涉及餐饮品牌集团或餐饮主管单位进行的促销)。第二,推销型宣传,重在向那些已经有意选择自己企业餐饮产品及服务的人提供详细的销售信息,如餐饮产品和服务组合内容、餐厅交通、用餐外附加服务、宴会承办能力等,促使其下决心购买(这部分工作主要由餐饮企业和其销售终端合作企业的销售销部门来承担)。

二、餐饮企业促销管理的重要内容

现代餐饮企业的竞争中销售终端的竞争越发激烈,往往大型的餐饮集团要管理一个复杂的营销沟通系统。餐饮企业需要与中间商、消费者和各类公众进行沟通，中间商又与他们的消费者和各类公众进行沟通，消费者彼此之间以及其他公众之间又经口口相传的方式进行沟通，同时，每个群体提供的信息又反馈给其他各个群体。要使信息传递有效、迅速，必须建立有效的营销沟通系统。其主要步骤是：确定目标视听公众——确定信息传播目标——设计信息——选择信息传播渠道——管理和协调总的营销沟通过程。

（一）确定目标视听公众

营销信息的传播者，必须确定明确的目标视听公众。他们可能是餐饮企业产品和服务的潜在购买者、目前使用者、购买决策者或影响者。信息传播者应该研究目标视听公众的需求、态度、偏好和其他特征，作为确定信息传播目标的前提。

（二）确定信息传播目标

确认了目标视听公众及其特点后，营销信息传播者必须确定信息传播目标。当然，最终的目标是购买，购买行为是消费者进行决策的长期进程的最终结果，营销信息传播者需要知道如何把目标公众从他们目前所处的位置引向更高的准备购买阶段，营销人员要寻找目标视听公众的认知、感情和行为反应。

（三）设计信息

在进行信息设计前要先了解信息传播过程，如图8-2所示。

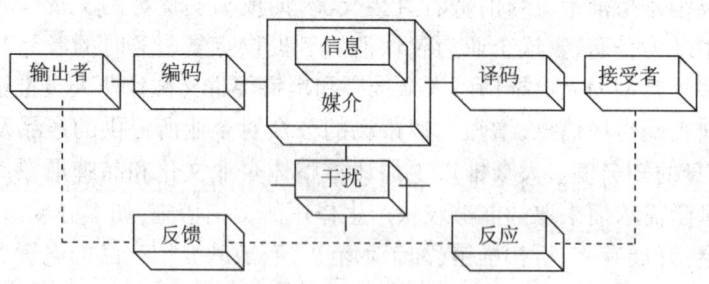

图8-2 信息传播的过程

图8-2中的各个部分的含义是：

输出者：要把自己能提供的餐饮产品的信息传递出去。

编码：研究如何将所要传递的信息以生动的、能吸引人的方式表现出来，即将信息编成符号。

信息与媒介：将已经编成符号的信息交给传播媒介。

译码：传播媒介将编成符号的信息表现出来，并使接受者理解。

接受者：传播对象，即餐饮企业客源市场的公众，尤其是潜在顾客。

反应（反馈）：接受者对所接触的信息的反应返回到输出者。

干扰:在传递过程中出现的一些计划外的问题,使接受者对所传递信息作出不同的反应。

期望的公众反应明确以后,信息传播者应该进而设计一个有效的信息。最理想的状态是信息应能吸引注意,引起兴趣,唤起欲望,导致行动。信息的设计需要解决四个问题:说什么(信息内容),如何合乎逻辑地叙述(信息结构),以什么符号进行叙述(信息形式)及谁来说(信息源)。

信息内容,信息传播者要决定对目标公众说什么,以期产生所希望的反应。

信息结构,一个信息的有效声、像。它的内容同样也依靠它的结构。结论的提出、论证及表达次序等组成了信息结构。

信息形式,信息传播者必须为信息设计具有吸引力的形式。在一个印刷广告中,为引起注意,常使用这样一些方法,如新颖和对比有吸引力的图片和大字标题,别具一格的版面,信息长短和位置,以及颜色、外形和流动性;如果信息在电台播出,信息传播者还得仔细选择字眼、音质(讲话速度、节奏、音量、发音清晰)、音调等;如果信息是通过电视或人员传播的,所有这些因素加上体态语言(非言语表达),都得加以设计,展示者还须注意他们的脸部表情、举止、服装、姿势和发型;如果信息由产品或它的外包装传播,信息传播者必须注意颜色、质地、气味、尺寸和外形。

信息源,信息对视听公众的效果也受到视听公众如何看待传播者的影响。信息源的可信度由专门技能、可靠性和令人喜爱等因素组成。专门技能是指信息传播者所显示、所具有的支持着他们的论点的专业知识;可靠性是指涉及的信息源被看到具有何种程度的客观性和诚实性;令人喜爱性描述了信息源对公众的吸引力,诸如坦率、幽默和自然的品质,会使信息源更令人喜爱。

(四)选择信息的沟通渠道

1. 人员的信息沟通渠道

利用人的直接交流进行信息传递,信息传递可能在推销人员与顾客接触时构成,也可能在顾客与朋友、邻居、父母、姐妹等潜在顾客的交谈中构成。

2. 媒介信息沟通渠道

它是通过大众媒介,如报纸、电视、电台、杂志、广告牌、招贴等传递信息。这种沟通渠道虽不如人员沟通那么直接而有效,但它却是促使餐饮产品走向千家万户的主要手段。

三、建立促销预算

促销预算是指对促销方面应投入费用的估计。正如知道了拥有多少资金才能对行动做出计划一样,它是进行促销活动的基础,预算方法有以下三种:

(一)销售百分比法

以餐饮企业在特定时期的销售量为依据确定其促销费用。例如:一家餐厅在当年的7月1日决定下一年的促销预算拨款,它将去年7月1日至今年7月1日间的销售额乘以百分之五,得出的金额即为下一年的促销费用。这种方法将促销与产品价格、利润、销售量结合起来,推动促销活动更积极地开展,但同时,这又限制了促销的创造性发展,因为拨款根据的是销售额而不是市场出现的机会。

(二)竞争对手相似法

即根据竞争对手预算费用来决定自己的促销费用,这对于一家刚开始进入运行的餐饮企业(缺乏往年数据积累)来说较为适应。但一家已成熟的餐饮企业不应采用这种方法,因为各家境况不同(资金市场重点等),别人的促销策略不一定适合自己,站在自己的立场处理问题才会客观一点。

(三)目标法

即促销人员确立自己的目标,并估算出达到这些目标所要用的资金,由此来决定促销费用。这种方法将销售看作是促销的结果,使销售随着市场的不断拓展而得以扩大。

四、促销组合策略及其特性

每个餐饮企业对促销手段的侧重点不同。展览场所可能注重公共关系,因为展览场馆本身就是人与人接触的地方,搞好公共关系能使顾客回头率提高,并吸引新的顾客;餐饮销售终端则侧重人员推销。不论将促销手段如何组合,首先餐饮促销要考虑它们的特性与成本。

(一)大众推广

大众推广具有高度公开性、普及性和引人注目的特点,它能为餐饮企业树立一个长期的形象。例如某知名快餐品牌通过电视广告展开厨房参观月活动,直观解决消费者对其生产环境、生产监督、生产技术的疑问和质疑。大众推销广告还要具备回忆销售功能,一个广告只要不停地在电视、报纸等媒介中出现,它就会给人们留下深刻的印象,并对其今后的餐饮购买产生影响。

(二)销售促进

销售促进具有刺激性,能产生强烈迅速的反应,例如赠送小礼品、价格优惠等。但它的效果只是短时期的,对建立长期的品牌没有太大效果。餐饮企业应对较明显的、可预知的周期或突发的销售起伏时,可采用这一有效促销方式。如每年一度的西方情人节,快速形成了一个销售良机,各餐饮企业也提前针对性地进入促销阶段,可预知的双人消费组合的陡然上升,令很多餐饮企业纷纷以赠送双人饮品、玫瑰花、第二人半价等促销方式来抢占更大销售量,谋求更大收益。

(三)公共关系促销

公共关系具有沟通性。它通过各种有效的社会交际手段,把社会公众所需了解的信息和社会公众提出的要求与意见进行双向传递和处理,进而增加企业餐饮产品的品种和数量,改善并提高服务的质量,使之在各方面最大限度地与公众的要求利益取得一致,从根本上树立餐饮企业的形象和声誉,扩大餐饮企业市场占有率,获得理想的经济效益和社会效益。

(四)人员推销

人员推销具有与顾客接触的直接性,它建立在彼此信任的基础之上。一名好的推销人员,能使消费者与其建立一种长期关系,所以人员推销正在受到越来越多的关注。尤其伴随着会议、企业餐饮服务的蓬勃发展,促销人员在针对企业消费者促销时,把餐饮企业产品和服务的最新信息传递给客户企业和忠实顾客,又把企业消费者的需求信息反馈给餐饮企业,人员推销在整个销售过程中的作用十分明显。

(五)网络营销

网络营销具有虚拟性。虽然伴随着现代网络技术的发展,作为新兴的餐饮产品销售终端,网络营销对餐饮产品及服务的展示能力越发提升,但仍存在明显的虚拟性。餐饮消费者对餐饮产品和服务的疑问往往五花八门,更伴随着微妙的情绪在其中,而网络交流通过冰冷的键盘、鼠标无法帮助餐饮企业准确把握消费者真正的意图和销售良机。

促销组合要受到餐饮企业到底是选择拉还是推的战略的影响。所谓推的战略,就是餐饮企业运用人员推销和其他手段,把产品推销给中间商,中间商再卖给消费者;拉的战略则是用广告等措施,吸引顾客购买餐饮企业产品。

不同的目的、不同的时期,餐饮企业的促销战略会有所不同,但不管餐饮企业侧重于哪一种促销战略,促销组合都要与之相适应,而且还要考虑餐饮企业本身的能力和顾客能否接受的心理。

第二节 餐饮企业的公共关系促销策略

☞ 案例导入

"禽流感"事件时,有些以鸡为卖点的知名餐饮企业,尝试借助媒体对某领导带头食鸡的报道,打消市民吃鸡恐慌,展示食鸡安全性,从而借用名人效应及媒体效应,间接地对本企业起到正面推广作用。

请分析:案例中的公共关系促销策略迎合了餐饮企业公共关系的哪些活动原则?案例中的知名餐饮企业正处在哪种餐饮企业公共关系活动模式之下?

公共关系的主要功能是沟通信息、协调社会组织与公众之间的关系、扫除相互关系中的障碍、谋求合作和支持。

公共关系,作为一种管理概念,在国外已有较长的发展历史。欧美各国将它广泛用于整个社会的各个部门。工商和社会机构普遍设置公共关系协会;不少高等院校开设公共关系专业;国际上也成立了世界公共关系协会和国际公共关系学会。企业公共关系主要通过各种现代化的传播手段,及时掌握来自公众的各类信息,使自己不断适应所处的环境,为制定正确的经营方针和策略提供咨询,同时,通过向公众及时传达各类信息,来赢得社会各方面的理解和支持。公共关系已越来越受到国际社会的广泛重视和运用。

一、餐饮企业公共关系的活动原则

为使公共关系工作卓有成效,必须先了解公共关系活动的原则。

(一)以事实为根据的原则

要建立良好的公共关系,首先考虑的不是技巧,而是对事实的准确把握。必须进行科学的调查研究,收集关于公众的情况。只有掌握了足够多的事实,才能策划公共关系的活动计划。

(二)"做"和"说"相结合的原则

由于餐饮企业公共关系是一种传播活动,因而容易被误解为是一种单纯的宣传技巧。因此就更要强调,良好的形象必须以良好的产品和服务为基础,也就是说,首先要"做"得好,只有提高产品的质量和服务水准,满足不同顾客的不同需求,才能赢得公众的信任和支持。

然而,在现代社会条件下,一家餐饮企业要想获得更好的生存和发展环境,仅仅靠"做"是不够的,还要进行推广,也就是在"做"的前提下要"说"。"酒香还要勤吆喝",公共关系的本意就是"自己做"加"被人认识",要想获得别人的信任和支持,就必须要让别人了解自己,否则就谈不上互相理解和互相适应。

这里,"做"和"说"是一对辩证的关系。"做"是"说"的基础,"说"是"做"的需要,光"做"不"说",在现代社会条件下,难以获得更好的生存和发展条件;光"说"不"做",这既有违于公共关系的宗旨,也违反社会道德规范。公共关系就是要在提高餐饮产品质量和服务水准的基础上不断扩大餐饮企业的知名度和荣誉度。

(三)效益、互利和创新相结合的原则

从公共关系的角度出发,效益这一概念意味着经济效益和社会效益的总和。如果餐饮行业只追求经济利益,不承担其他社会责任,那么餐饮企业必定会声名狼藉,甚至无法生存。现代餐饮企业经营管理的一个重要思想,就是要同时注重经济效益和社会效益,这也是餐饮企业公共关系思想中一个十分重要内容。

餐饮企业无时无刻不在与各种公众发生着各种关系,要使这些关系成为促进

发展的有利环境,光靠单方面的让利是不行的。无论在计划决策、搜集信息、反馈公众意愿方面,还是在谈判席、洽谈会上,都要有互惠互利的意识,以利于随时调整自己的政策和方案,促成事业的成功。值得指出的是,实施互利原则不是一种故作姿态,而是政策性、计划性、灵活性很强的具有创造性的工作。

餐饮企业的成功与出色的公共关系工作是分不开的,而成功的公共关系工作则必定是具有创新特点的。餐饮企业公共关系工作固然离不开细水长流式的日常活动,但从公共关系本身的性质来看,它所从事和处理的对象主要是一种关系,关系经常在变化,具有极大的灵活性因素,不以耳目一新的方法和形式来处理各种关系,就无法吸引公众对餐饮企业的注意力,更无法较为有效地让公众留下对餐饮企业的深刻印象。因此,餐饮企业要创造性地开展工作,通过新颖、独特、令人难忘的公共关系活动,塑造餐饮企业的崭新形象,以人无我有的公关手段出色完成诸如广告、推销等方面的任务,以取得事半功倍的效果。

(四)公开、正当与合法手段相结合的原则

餐饮企业公共关系是一种在现代经济条件下正常的交往和联系。为此,有效的餐饮企业公共关系活动必须遵循公开、正当与合法手段相结合的原则。

二、餐饮企业公共关系模式

所谓公共关系模式,是指一定的公共关系工作方法系统。一个公共关系模式,是由一定的公共关系目标和任务,以及这种目标和任务所决定的数种具体方法的技巧构成的一个有机的系统。餐饮企业要根据自己的特点,发展的特定要求,社会环境所提供的具体条件,以及公众的不同类型、不同要求,选用不同的公共关系模式。

(一)宣传性公共关系

这种模式以利用各种传播媒介向外传播为主,目的是直接向社会公众宣传自己,以求最迅速地将餐饮企业内部的信息传输出去,形成有利的社会舆论。

1984年,美国总统里根圆满结束了对中国的访问,临别时要举行答谢宴会。按以前惯例,像这种规模的国宴总是在人民大会堂宴会厅举行。当时新开业不久的北京长城餐饮企业公关部觉得这是一次极好的提高知名度的机会,经过一番艰苦的努力,答谢宴会终于在长城餐饮企业如期举行了。随同里根访华的500名外国记者一起参加了宴会采访。宴会开始后,记者们争先恐后地通过电传机向世界各通讯社发稿:"今天x时x分,美国总统里根在北京长城餐饮企业举行盛大的访华答谢宴会……"于是,长城餐饮企业的大名一下子传遍世界各地。

宣传性公共关系的特点是主导性强,时效性强,能比较有效地利用传播媒介沟通企业与公众的关系,而且能获得比较广泛的沟通面。但它也有间接性的局限,往往使沟通停留在"认知"的层次。

(二)交际性公共关系

这种模式以无媒介的人际交往为主,其特点是具有直接性、灵活性和人情味,能使人际间的沟通进入"情感"层次,它的目的是通过人和人的直接接触,为餐饮企业广结良缘,建立广泛的社会关系网络。其方式包括社会交际和个人交际,如各种各样的招待会、座谈会、工作午餐会、宴会、茶会、慰问和专访活动、接待应酬等形式。

交际性公共关系的作用在餐饮企业中表现得特别明显。餐饮企业公共关系工作大量地渗透日常的服务工作之中,诸如为顾客提供优质的服务,回答顾客的投诉,解释误会和疑难,都需要公关人员的耐心、友善和诚意。

(三)征询性公共关系

这种模式以采集信息、舆论调查、民意测验为主,其特点是细水长流、日积月累、持之以恒,它需要耐力和诚意。其目的是通过掌握信息,为经营管理提供参谋,如开办各种咨询业务、建立接待机构、处理投诉、开展有奖测验活动、制作调查问卷收集顾客意见等。

(四)社会性公共关系

这种模式以各种有组织的社会性、公益性、赞助性的活动为主,如开业庆典活动、周年纪念酒会、当地传统节日活动、公益赞助活动等。餐饮企业都以一定的社会为它的活动舞台,公共关系人员要充分利用这个舞台的空间和时间,善于抓住一切有利时机,导演出高潮迭出的"连台好戏",使餐饮企业在社会舞台上有声有色,引起社会公众的广泛注意。

社会性公共关系有两种形式:一是以餐饮企业本身的重要节日为中心,如利用餐饮企业的开业大典、周年纪念,邀请各界嘉宾,渲染喜庆气氛,借庆典活动与各界人士建立关系,打下友谊的楔子;二是以餐饮企业所处的社区或有关组织的重要节日为中心,如参加所在地有影响的节日活动,赞助福利、慈善事业,建立企业的"文化形象"等。社会性公共关系的特点在于它的公益性、文化性,它不拘泥于眼前的得失,而着眼于企业的整体形象和长远的效益。

(五)服务性公共关系

这种公共关系活动是以提供各种优质服务为主,目的是以实际行动来获取社会公众的了解和好评,建立良好的餐饮企业形象。

服务公共关系的最显著的特点在于实在的行动。由于它和餐饮企业的业务密切相关,因此不能仅靠公共关系部门去进行,而要由餐饮企业总经理协调各个业务部门去共同进行。

(六)维系性公共关系

这种模式是以较低的姿态,持续不断地向公众传达餐饮企业的各种信息,久而久之,使餐饮企业的形象潜移默化在公众的记忆系统中。它的主要功能就是设法在不知不觉中造成和维持一种有利的意见气氛,以维持餐饮企业的良好形象。可见,维系性公共关系是一种深化、推动公众对餐饮企业产生"认识—行为—理解"的模式。

良好的餐饮企业形象,一定是持续努力的结果。如果餐饮企业在一段时间里无声无息,人们就有可能忘掉它。因此,公共关系人员应该以一种不那么引人注目的方式,不断地在公众耳边吹风,从而在公众中起潜移默化的作用,不落痕迹地维系餐饮企业在公众心目中的形象。例如,某餐饮品牌在自己的收银台旁边安放募捐箱,再加上企业捐款,专款用于贫困地区儿童的食堂建设。如果顾客只看到募捐箱而没有得到企业的后续反馈,就会对该企业的募捐行为产生质疑。如果该企业定期向顾客反馈、展示其扶贫成果,就会在公众心目中维系其良好形象。

(七)防御性公共关系

这种模式是在餐饮企业与外部环境发生整合上的困难,与公众的关系发生某些摩擦苗头时,通过各种调整手段,以适应环境的变化,适应公众的要求,防患于未然。

公共关系应该以防为主,只有在情况正常的时候,善于发现问题,预见问题,及早制定出防御措施,才能在公共关系活动中保持主动。例如,酒精类消费品中无法回避的有害物质残留问题。现行科技无法完全去除酒内所含的甲醇、铅、氰化物等成分,面对这种情况,餐饮企业在宣传酒精饮品的某些保健、助兴功效时,可以适当提醒消费者适度饮酒。因此,以防为主是公共关系处理一切关系失调问题的上策。

(八)矫正性公共关系

这种模式是在餐饮企业的公共关系严重失调,发生"餐饮企业形象危机"时,通过立即采取一系列有效措施,做好善后工作,配合其他有关部门,以挽回餐饮企业的声誉。例如,某著名肉品加工企业,被爆出使用原料含瘦肉精的问题时,该企业组织万人道歉大会,公布整改措施,这正是典型的矫正性公共关系行为。

三、餐饮企业公共关系活动策略

公共关系作为一种经营管理艺术,绝不是偶然的和随机的活动,而是在餐饮企业与公众之间的内外交往中,进行有目的、有计划的一种管理行为。因此,公共关系活动要有周详的计划,选择最佳方案,以增强其严密性、条理性和科学性。

所谓公共关系活动策略,指的是实施预定的公共关系项目时所需的技巧。因此,制定公共关系方案既要强调其计划性,又要使活动关系灵活机动,富有新意。

(1)制订活动方案时,预测可能有哪些影响因素。在具体进行某一公共关系活动时,往往会受到经费预算、技术细节以及时间、地点、环境、气氛等可控和不可控因素的影响。例如,不要在发生重大国际性或全国性事件时向报社发新闻,因为这时发的新闻大多要被挤掉。因此,公共关系人员必须根据新变化、新条件、新要求来构思新的活动策略。

(2)具体公关项目的执行要选择适当的时机。选择时机,对公共关系活动至关重要。一个良好的公共关系活动方案,如果错过了有利时机,就不能有效地发挥公共关系的作用。经验丰富的公共关系人员通过事先周密、全面的计划,抓住一切有利时机,积极主动开展各种公共关系活动,以达到预期的公共关系目标。

(3)设计公共关系活动,要把不同的传播渠道结合起来。公关项目的具体实施,从本质上说是一种传播活动,因而传播渠道的选择也是公共关系活动策略中的一个重要因素。

(4)要准备几套不同的活动方案,同时研究有无其他方案可以达到同样目的,力求省力、省时、省钱,争取以最小的投入、最小的资源获得最大效益。

第三节 餐饮企业广告宣传促销策略

案例导入

美国一家餐厅曾挂出这样的广告语:"如果您不进来吃饭,我们俩都要挨饿了!"这句广告紧扣"人"(您,我)这个中心,抓住人的同情心理,将"挨饿"的后果昭示与人,既含蓄幽默,又引人同情,同时也是一句大实话,可谓一石三鸟,广告效果可想而知。

请分析:请尝试对案例中餐饮企业的广告进行效果测定,并谈谈测定的依据。

餐饮产品和服务广告是指利用一定媒介,把各种餐饮企业产品或服务的信息传送到潜在的消费者中去,以达到促销的目的。现在,人们的生活被形式各异的广告充斥。他们打开电视机、翻开报纸、走在街上都能发现广告的存在。广告是一种投资手段,是消费者得到商品信息的主要渠道之一,因此,有效地利用餐饮产品和服务广告,制定好广告策略,也是餐饮企业的重要任务之一。

一、餐饮广告的分类

(一)按针对的目标分类

(1)宣传餐饮品牌的价值观念的广告。这类广告主要宣传餐饮品牌的价值观念,并使之成为一个基本的象征和基本的信念,对内产生凝聚力,对外产生号召力,使餐饮企业形象连同它的观念和口号进入千家万户。像农夫山泉,一句广大消费者耳熟能详的"我们不生产水,我们只是大自然的搬运工",即使不是农夫山泉的忠实消费者,在长期频繁的广告宣传下,听到也会觉得熟悉。这一口号不仅让市场上的消费者对这个品牌留下了深刻印象,而且这一印象中传递的还包括绿色、健康、无污染的积极企业理念。

(2)介绍餐饮企业的生产和服务情况的广告。例如,有的餐饮企业在广告中列举本企业的高级技术人员名单、供货商质量管理体系、优秀服务员工的操作展示,甚至列举他们的创新和科研成果。这无疑会使公众产生深刻印象,认为该餐饮企业人才济济,技术力量雄厚,产品和服务质量有保证。有时候,广告还可以介绍优良的餐饮服务环境氛围,从而达到创造购买气氛的目的。

(3)解释生产目的和消除误解的广告。当公众因不明了餐饮企业的有关情况而产生误解时,可以考虑运用以退为进的策略,刊登解释性的、纠正性的广告以消除误解,保护已建立起来的声誉免遭破坏。如著名的啤酒品牌百威,曾推出过一个劝解开车不饮酒,饮酒应请朋友代驾的广告。该广告主题严肃,风格幽默欢快,即宣传了酒后驾驶不容小觑,即便是酒精度数较低的啤酒也不可马虎大意,还纠正了部分消费者心中,酒商重利、轻视消费者健康安全的不好形象。

(4)以介绍餐饮产品和服务的特点为主的广告。如广告的主要内容是对餐饮产品用料、烹饪加工、菜系定位等独特之处的介绍;对成品餐饮产品外形、色泽的展示;对口感、服务感受的赞誉等。这种广告是餐饮企业最为直观地向餐饮消费者展示有形产品、将无形服务有形化展示的主要途径。

(二)按广告所付出的投资费分类

(1)付费广告。付费广告是大多数餐饮企业普遍采用的广告形式。因为电视、报刊、广播,广告涉及范围很广,特别对于新的餐饮品牌来说,吸引餐饮消费者并让他们了解其产品的最快、最有效的办法,就是付费广告。

(2)免费广告。免费广告是指餐饮消费者以口口相传的形式与人分享自己的消费经验、品牌感受等为餐饮企业产品与服务带来的不用支付费用的宣传。与付费广告相比,免费广告的魅力不仅仅在于它不需要大量投资,还在于它所能达到的效果往往高于付费广告。因为免费广告往往来自亲朋好友、同事邻里这类拥有社交交集、属于同一社会团体的人群,这大大提升了免费广告的可信度和说服力。

二、餐饮企业广告策略

(一)确定广告的目标

在设计广告之前,餐饮企业首先要分析市场形式,识别和分析广告的宣传对象,即应向哪些人提供广告信息,广告宣传的目的又何在。为此,餐饮企业需要得到以下信息:

(1)公众的地理分布情况。在有效可覆盖销售的地理范围内,拥有多大的总体市场,这是一个餐饮企业有可能获得预期广告营销效果的最基础条件。

(2)公众的年龄、民族、性别、文化水平、社会风俗等。餐饮需求是因人而异以主观判断为标准的需求,不存在统一标准。但这种需求在相同的人口统计特征中存在相似性。如相同民族的餐饮消费者往往拥有相同的餐饮禁忌和偏好;相同年龄阶层对营养搭配的需求相近。总结广告营销目标市场的人口统计特征有利于广告更精准的传递信息给目标受众。

(3)公众对本企业竞争对手产品和服务态度的评价。竞争对手企业提供的是餐饮市场上本企业产品和服务的替代品,与本企业提供的产品和服务之间存在挤出效应。消费市场对竞争企业产品和服务的态度直接关系本企业的销售潜力。了解竞争对手才能通过广告将自己与其区分,传递独特的企业文化、核心竞争力、餐饮氛围等给广大消费者。

(4)公众的心理构成。市场上主导的社会价值观、传统道德标准等直接影响着餐饮企业广告宣传的构成因素。如中国的酒文化追求"和",所以餐饮广告中涉及酒的部分多突出适度、传递情感的色彩,尽可能降低广告受众对饮酒伤身甚至可以上瘾的联想。

在了解广告宣传的对象后,即可制定广告的目标。一般来说,其目标有以下几种:

(1)进一步树立形象,提高声望,在现有的顾客中争取更大的信誉;

(2)争取新客源,扩大销售地区;

(3)建立一个新的目标市场,启发新的餐饮需求。

(二)编制餐饮企业广告的预算

广告预算是餐饮企业投入广告活动费用的计划,它规定计划期内从事广告活动所需经费总额和使用范围。一般来说,广告费用包括以下几类:

(1)广告媒介费用:指报纸、杂志、电视、电台、电影、邮寄、招贴画等广告费用支出。

(2)广告设计制作费用:指印刷、制版、录音和录像等的制作费。

(3)广告调研费:制作广告过程中进行民意测验、市场调查、广告效果测验等需要的费用。

(4)广告管理费:广告部门事务费、工作人员工资和差旅费等。

(5)其他杂费:包括广告材料费、样本费、赠品、资料费用等。

(三)制作广告

广告的制作包括确定其内容、表现形式及对整体广告计划的协调。

广告内容的设计要有文化性、创造性、幽默、生动且贴近生活。包括设计主题、结构、语言的风格、氛围、形式等。其中,广告的主题必须突出餐饮企业产品和服务的特点。

餐饮企业广告的表现形式一般有：

故事式——叙述一个发生在餐饮企业与顾客之间的故事，借此给人们留下深刻的印象；

引证式——借有名望的人来证明产品的优点；

悬疑式——给顾客留下疑问，以刺激他们再次接触了解产品；

比喻式——通过适当的比喻引出产品；

解题式——夸大一个问题，而让顾客知道只有本企业的产品才是解决问题的唯一答案。

除此之外，广告表现形式还有许多种，如示范、推荐、以歌作为代表等。广告设计人员可以同时采用几种形式，以达到最好的广告效果。例如，介绍一个冬季美食，可先拍一些寒风中人们的身影或景致，然后推出餐饮企业中加工冬季美食的滋补食材，浓汤厚料在锅中翻滚，餐饮消费者在用餐中驱散寒气更饱尝美食的情景，并加上旋律温馨的广告歌。

广告的制作要有计划，因为笼统的广告大都是浪费钱财，而致力于促进餐饮企业的经理们往往会使广告获得双重效果。他们会有一个多面的计划投资，加以协调，使各方面的作用互相加强。例如，将招牌广告与电视广告结合起来。当一位刚在家看完电视的人，走出家门不久后又看到一家餐饮企业的大型招牌广告，他立即回想起前不久在电视上见到的广告与这个宣传的是同一个产品，于是给他留下了深刻的印象。由此可见，为了使广告获得充分效果，就要以多种方式计划和协调广告活动。

（四）选择广告媒介

主要的广告媒介有报纸、电视台、电台、杂志、直邮、户外广告、交通广告、广告电影等。各种媒介都有各自的优点和局限性。选择广告媒介时，要考虑一系列因素，诸如广告对象，广告媒介的传播数量和质量，最佳收效时间，宣传的范围和费用等。

广告媒介的分类如下所示：

1. 纸质出版物类广告

宣传工具：各类报纸、杂志、专业报刊、书籍中或封面上所作的广告宣传。

所用手段：在报纸、杂志和其他出版物上刊登广告。

2. 印刷品广告类

宣传工具：商品说明书、商品目录集、价格表、各种传单等。

所用手段：分发、投寄、展览和博览会上散发；利用中间商散发。

3. 广告宣传信件类（直邮式广告宣传）

宣传工具：专门信件、复印信件、系列信件。

所用手段:邮政投递、分发、结账单附件。

4. 张贴广告类

宣传工具:广告画、巨型张贴画、保留广告、霓虹灯广告。

所用手段:广告柱、广告牌、墙壁、橱窗、飞机、汽车。

5. 广告性的文具品类

宣传工具:信封、表格、收据、名片。

所用手段:同顾客的接触。

6. 荧光灯广告类、

宣传工具:荧光画、霓虹灯字、霓虹灯陈列。

所用手段:商店的门面、橱窗、出售厅、展览会和博览会。

7. 投影广告类

宣传工具:电视、幻灯片、电影、录像。

所用手段:集会、展览会、博览会、电视、橱窗、中间商。

8. 装潢广告类

宣传工具:模仿品、装潢材料、布置品、图片、假人、雕塑品、招牌。

所用手段:橱窗、玻璃柜、陈列柜、墙壁、出售厅、集会。

9. 音响广告类

宣传工具:电台广播、录音机、电唱机。

所用手段:集会、展览会、电台、中间人。

10. 辅助销售式广告类

宣传工具:模型、展示牌、附加物、有价票证、包裹袋、透明包装物、粘贴商标。

所用手段:售货时与顾客谈话、学徒训练、交货、中间人。

11. 交通工具式广告宣传类

宣传工具:电车、地铁、公共汽车、车站、自己的交通工具、道路。

所用手段:公路、停车场、车站和机场。

12. 广告宣传活动类(带有促销性质)

宣传工具:作报告、演出、举行记者招待会、参观、展览会和博览会。

所用手段:电影院、餐饮企业、大厅、轮船、飞机、自己的场地、展览会和博览会。

(五)确定广告的时间和频率

广告宣传时间和频率的选择取决于广告宣传的预算和广告宣传的目的。一般来说,广告宣传的预算费用越充足,播映频率和次数就越多,选择最佳广告宣传的机会也随之增多,当然其宣传效果相对也会更好一些。

三、餐饮企业对广告效果的测定

餐饮企业广告效果检测通常可以有以下几种方法:

(一)分类评价

按照一定的分类标准将各种广告集中在一起,请调查对象对这些广告作比较并打分。分类标准可以根据情况自己设定,例如,把一地区所有餐饮企业的公共关系广告集中起来比较。这方面的调查对于餐饮企业了解企业在公众心目中的地位有参考意义。

(二)回忆测验

具体方法可有多种,比如可将十个广告编为一组,每个展示十秒钟,请调查对象说出对哪个广告印象最深,能记得哪些内容。这种调查可以了解广告是否醒目,刺激强度是否足够,内容是否有趣,手法是否新颖等。

(三)创新程度检验

将本行业的各种广告收集起来,向调查对象了解对这些广告是否满意,有没有可能设计更新的广告,同时也可以了解广告是否过分夸张。

第四节 餐饮企业其他促销策略的应用

案例导入

虽然目前的餐饮企业营销中平面媒体依然具有权威性,但随着网络媒体的出现,它的便利性已经被大大降低。例如,同样是优惠券,网络的电子优惠券显然比报纸方便太多,网络优惠券可以下载打印出来,也可以直接通过手机下载,但报纸优惠券却需要持报纸去餐厅或是剪下报纸一角去餐厅。

因此,平面媒体的宣传推广优势迅速让位于网络媒体,网络媒体以其天然的容量大、速度快、便利性赢得了餐饮企业的青睐。一些餐饮企业迅速瞄准了网络这个宣传平台,在网络上大力推广自己的餐厅,许多餐厅借助网络一炮而红,迅速发展壮大。在网络上,餐饮企业可以直接展现餐馆的特色、折扣信息,以更直接的方式给予消费者优惠。以饭统网为例,许多餐馆还未开张就开始与饭统网签订合作协议,有些餐馆由饭统网带来的客流甚至高达70%,可见网络的威力。

请分析:结合案例分析网络营销促销的主要功能。伴随着越来越多的餐饮企业对网络的使用,网络促销的优势会被降低。为达到好的促销效果你会应用哪些网络促销方式或网络营销促销组合以达到更好的宣传效果?

一、餐饮企业网络促销策略的应用

(一)网络营销促销基本概念及特征

1. 网络营销促销的概念

网络营销促销是借助网络技术和网络渠道所进行的营销活动。从网络营销促销概念内涵与外延的界定上不难看出,餐饮企业网络营销促销的实质不是简单的网络技术应用,而是网络化的市场营销活动。网络营销促销也不单是网上销售或网上广告,而是市场营销战略和策略在网络环境中各种实现途径的综合体现,包括形象塑造、市场策略组合、预订销售、客户服务、市场调查、营销评估等各个方面。同时,网络营销促销是整体营销体系的组成部分和分支,必须与总体营销目标保持一致,与各种传统营销手段互补协调。在此意义上,可以把网络营销促销定义为市场营销总体战略在网络环境下的具体体现与实施。

2. 网络营销促销的特点

网络营销促销与传统营销促销的最大差异,在于营销促销活动所凭借的中介媒体由传统的报纸杂志、信件函电、电视广播等转换为新型的互联网络。基于网络的大型营销促销活动具有全天候、跨国界、即时性、交互式、多媒体甚至富媒体(Rich Media)、推式与拉式功能兼备等明显优于传统营销方式的特点。

3. 网络营销促销的基本形式

从餐饮企业利用网络资源和技术的深度和广度来分,网络营销促销包括利用网络媒体登载广告、利用电子邮箱进行邮件营销促销和利用网站进行全方位网络营销促销3种基本形式。

餐饮企业网络营销促销按具体功能来分,包括网上市场调查、网上形象塑造、网络产品展示、网络促销、网络分销、网络公关、网络客户服务等形式。

餐饮企业网络营销促销按目标群体来分,包括B2C(企业对消费者)营销、B2B(企业对企业)营销、C2B(消费者对企业)营销和C2C(消费者对消费者)营销4种形式。B2C是餐饮企业对单个顾客的营销方式,它主要是为潜在顾客提供影响其购买行为和购买决定的商业信息;B2B是餐饮企业对供应商和购买商等机构或公司的营销方式,它主要是维持和不断改善公司之间的合作伙伴或战略伙伴关系,从而使合作双方或各方达到互惠互利,双赢或多赢。C2B是单个顾客对多个餐饮企业产品进行自由选择、组合和定价,由餐饮企业竞标接盘。C2C是单个顾客根据餐饮企业提供的产品信息和参加活动的提示,自行安排参加活动的行程。

(二) 网络营销促销的阶段

餐饮企业开展网络营销促销一般要经历试探营销、电子邮件营销、网站营销几个阶段。

1. 试探营销阶段

餐饮企业在了解互联网各种营销促销功能和开展网络营销促销所需条件之后,根据自身营销资源的状况和营销战略目标的要求,形成是否开展这种营销活动的意向。如果形成肯定的意向,餐饮决策者便可委托专业网络营销促销咨询公司进行网络营销促销开发可行性研究,编制网络营销促销发展战略、发展计划和近期实施方案。

在没有自己的独立网站和缺乏网络营销促销人才的情况下,餐饮企业可以利用免费网络资源或支付少量服务费进行以下几种方式的试营销:

(1)利用免费网站发布供求信息。利用互联网上某些提供免费发布供求信息的网站,根据餐饮企业产品或服务的特性发布相关市场营销促销信息。

(2)直接向潜在客户发送信息。利用互联网上的信息寻找潜在客户,然后利用免费电子邮件向潜在客户发送信息,达到营销目的。

(3)网上拍卖。在提供免费拍卖业务的网站进行注册,发布产品买卖信息,进行促销性拍卖交易,如典型的饭团类网站,以团购形式获得促销性拍卖价位。

(4)加入餐饮类专业信息网。通过支付少量服务费用,加入本行业专业信息网,有助于营销促销信息传递到目标市场消费者。

2. 电子邮件营销阶段

餐饮企业在对网络营销促销有了较为系统的认识后,开始招聘必要的网络专业人才,并制定网络筹建财务预算。此时,多数餐饮企业会主动与专业网络公司联系,申请餐饮企业在网络公司网站的专用电子邮件信箱,以网站为平台进行各种电子邮件营销活动。

加入专业网站,注册本机构专用电子邮箱,并在网站专业技术支持下,餐饮企业可以进行以下几种方式的电子邮件营销:

(1)收集邮址。加入与餐饮企业相关的讨论组、电子邮件组、电子杂志和新闻组等,通过在餐饮企业专题组的电子邮件沟通,收集电子邮件地址,建立广泛的营销促销客户网,为今后进行针对性电子邮件营销促销奠定基础。

(2)直接广告。在相关讨论组、电子邮件组、电子杂志和新闻组做广告。

(3)间接广告。在公司电子邮箱增加自动回复功能,提供餐饮产品或服务信息和常见问题解答等,对重要商业信息进行重复链接,引起读者注意。但对重要客户和业务伙伴,应亲自回复,突出人性化服务。

(4)签名广告。在电子邮件中签名部分列明本机构电子邮箱地址、联系电话、传真、通讯地址等,也可简要介绍本机构主要业务范围。

3. 网站营销阶段

餐饮企业在本阶段的工作重点转移到网站建设,包括域名申请、网站规划、网页制作、网站发布、网站推广以及网站的管理和维护等。本阶段基于网站的市场营销促销活动内容丰富,形式多样,比较典型的营销促销方式有以下几种:

(1)搜索引擎排名。搜索引擎是用于查询网站的数据库工具,可分为机制排名和人工分类排名两种引擎。它是浏览者寻找目标网站的主要手段,所以,当一个网站建成并正式发布之后,首要的推广任务就是向各大搜索引擎登记。如果网站的潜在客户不仅限于国内,除了向国内主要的搜索引擎登记之外,还要向国外的搜索引擎登记。注册搜索引擎的数量和在搜索结果中的排名对增加网站访问量具有重要影响。

(2)网站交换链接。它是相关网站之间为增加网站访问机会而互相设立的链接点,通常采用图片链接和文本链接两种形式。交换链接的数量还是搜索引擎决定网站排名的一项参数,因而成为评价网络营销促销效果的一项重要标准。在选择交换链接合作伙伴时,应遵循客源互补和品质相当的原则,以免造成客源流失或网站品质受损的负面后果。

(3)网页广告。在本机构独立网站或所加入的网站设置各种网页广告,常见的有位于网站主页顶部和底部的横幅旗帜广告、位于网站主页两侧的竖式旗帜广告、位于竖式旗帜下方的按钮广告和附在可下载墙纸上的墙纸广告等。网页广告一般采用GIF(图像互换格式)、JPG(一种高级别压缩图像格式)等图文格式,通过应用Java(程序设计语言的一种)等设计语言可使其产生交互性,使用插件工具可以产生动画影像效果。此外,集动画、声音、影像和用户参与于一身的富媒体格式也越来越多地应用于网页广告之中。

(4)信息网和分类广告。在专业信息网发布载有大型活动机构网址的信息和分类广告,会使感兴趣的访问者根据网址来访问本机构的网站,从而有效提高本机构网站的访问量。如果选择在知名或权威的大型活动行业网站发布信息和分类广告,会取得更佳的营销促销效果。

(5)新闻组与网络社区。新闻组是网站的基本服务项目之一,可以形成众多专业相同、兴趣相投的通信沟通园地。参加同一新闻组的成员网友有着共同兴趣,或关心特定主题,利用新闻组可有效地推广餐饮企业网站和活动产品。网络社区是网上特有的一种虚拟社会,其中网上论坛和聊天室是最主要的两种表现形式。在网络营销促销中应用网络社区,可以增进餐饮企业与客户之间的关系,有利于增强餐饮企业的亲和力和吸引力,还有可能直接促进网上销售。网上论坛有助于餐饮企业了解客户对大型活动主题及其相关产品的评价和意见,同时借助对特定主题的研讨,加深顾客对餐饮企业活动主题的理解和兴趣。

(三)网络营销促销的基本功能

1. 形象塑造

通过开展网络营销促销,餐饮企业得以在较短时间内树立和强化形象,并在网站建设和网站展示过程中不断完善和提升形象。网络营销促销的重点是网站推广,而网站又是品牌的网络展示窗口,可以使更多的人了解餐饮企业的产品和服务。从营销的角度来讲,网站不仅是一个品牌的网上窗口,更是塑造和提升品牌的重要营销工具。好的网站必须具有正确的市场定位,能够满足目标市场顾客群体的需要,在网络展示方面明显优于竞争对手,并且直观和易于使用。因此,在网络营销促销的网站建设中,必须突出网站方便的导航功能、完善的帮助系统、快捷的下载速度、简单友好的用户界面,以及对搜索引擎友好的链接。

2. 信息沟通

通过网络信息高速公路,传递和接收市场营销促销信息,可以使餐饮企业拉短与客源市场的距离,及时掌握市场需求变化情况和趋势,从而提供能够适应和满足市场需求的餐饮产品和服务。

3. 市场促销

网络产品信息展示的多媒体化和信息沟通的交互性优势,使餐饮企业能够通过网络进行更有效的广告和营业性促销。具有链接功能的弹跳式视窗广告、旗帜广告、按钮广告、网上拍卖等网络营销促销手段,可以根据消费者的兴趣提供餐饮企业活动广告、详细活动介绍、网上预订甚至网上优惠直销服务,因而能有效激发需求者购买欲望,影响其消费行为,并增加餐饮企业产品销售量。

4. 产品开发与试销

通过市场调查,餐饮企业可以借助网站开发和测试符合市场需求的新的可选活动项目,并根据网络调查得到的反馈意见筛选和完善餐饮企业活动。产品开发与测试的网络化具有成本低、信息反馈快、针对性强、客户参与性强等特点,同时,通过开发与测试过程的公开化,加之在网站新闻通讯和页面的重点宣传,可以使新的活动项目得到更广泛的推介。

5. 网络分销

利用具有网上交易功能的网站,餐饮企业可以使其分销渠道通过国际互联网络延伸到世界各地,形成四通八达的全天候、无国界产品分销网络。由于餐饮产品是通过消费者或产品的空间移动来实现其商品交换,所以以产品销售信息和购买信息沟通为主要特征的网站平台成为大型活动机构理想的低成本、高效率分销渠道。网络分销的主要形式包括独立网站的直接分销、合作伙伴网站之间的交换代理间接分销和专业销售网站的委托代理间接分销等。

餐饮企业活动主要为顾客提供特定主题的活动经历与感受,并为活动参加者提供活动期间的服务、饮食和与活动主题有关的小纪念品,所以比较适于采用网络营销促销手段。互联网为餐饮企业提供了一个向用户介绍自己产品或服务的理想环境,网站通过在访问者点击率较高的新闻通讯和其他专业栏目加载相关主题的链接,可以使浏览者方便地获得有关餐饮企业活动的详细信息,以及购买产品的方式与渠道,具有销售功能的网站还可以使消费者直接进行预订或购买。

6. 客户服务

互联网为餐饮企业提供了形式多样、功能强大的客户服务手段,其形式包括客户常见问题解答、列表电子邮件、电子公告板、聊天室、新闻发布等,其内容包括活动主题介绍与相关知识、目的地概况、活动日程安排、预订咨询与受理、相关规定与注意事项、日程变更通知、餐饮企业活动成果与评价等。

餐饮企业还可以借助网络较为方便地建立客户档案,并根据客户的兴趣为其提供各种服务信息,包括随时通知客户大型活动日程安排的变化,各种表演节目的变化等。良好的网络客户服务有助于维持和改善大型活动组织者和参与者的相互关系,激发观众参加大型活动的主动性,使之成为活动主题的忠实参与者和支持者。

7. 市场调查

借助互联网进行市场调查,餐饮企业可以有效降低调查成本、缩短调查周期、提高问卷回收率。网上调查通过调查主题吸引读者,使感兴趣的读者在方便的时间,以简便的选择方式或少量的键盘输入方式提供调查回复,之后生成调查统计数据。网上调查信息沟通的即时性和交互性,保证了餐饮企业能够在及时掌握市场变化的最新动态,并对餐饮企业活动产品进行市场反应的跟踪调查,适时改进或调整产品结构以满足不断变化的市场需求。

网上调查以网站调查问卷为主要形式,以相关主题的电子邮件调查、弹跳视窗调查、网上投票、网上聊天和访问频率统计等为补充形式。多种形式和多种渠道的网络调查使大型活动机构得以从网上获取更丰富、实效性更强的基础资料,甚至能够轻易获取竞争对手的有关产品、价格、促销手段等关键信息,从而为餐饮企业及时调整竞争战略和策略提供了科学的依据。

8. 网上赞助

借助大型活动的公益主题和轰动效应,吸引有关政府部门、名人和一般公众进行网上赞助和捐赠活动,作为交换可以为赞助者和捐赠者提供各种网上广告宣传和名誉宣传,如在网站中设立政府赞助、大公司赞助、名人捐赠、公众捐赠、主题赞助、分主题赞助等广告宣传栏目或荣誉榜。

二、餐饮企业其他策略的应用

(一)餐饮企业招贴画

在各类餐饮企业宣传品中,招贴画的作用和功能十分突出,它以张贴的形式,以视觉信息、文字语言和视觉形象的有机结合等特征,给人以瞬间强烈而又清晰的印象,是各类餐饮企业比较"抢眼"的宣传方式,越来越受到餐饮企业宣传部门的重视。

(二)餐饮企业宣传小册子的设计

餐饮企业小册子是餐饮企业为了介绍餐饮企业产品服务及其他信息而印制的

宣传手册,它是餐饮企业进行促销的有力手段。在餐饮企业产品的销售中,由于顾客与餐饮企业之间通常存在一定的空间距离,因而,顾客在作出购买决策时,在很大程度上依赖于间接信息,而小册子便是间接信息的传递者之一。此外,由于餐饮企业产品在销售上的超前性,宾客不可能在看到实际产品后再预订,他们的预订决策往往依赖于事先在小册子上读到和看到的一切成品展示、服务项目、服务设施与价格标准。由于小册子是顾客购买决策的依据,餐饮企业必须重视小册子的制作和发放,使之成为餐饮企业有力的销售工具。

(三) 直邮推销

直邮推销(直接通信推销)和其他方式的广告相比较,前者明显的优点是能准确地针对某些特定的对象,从而提高推销效果。直邮推销只是营销促销的方式之一,而非一个与其他营销促销活动脱节、独立而不借助于其他形式的营销促销活动。

直邮推销一般包括函件、通知、传单、明信片以及附在信封里的其他附寄品。

寄发的邮件可用下面的一种或数种形式:信函、回复、宣传纸夹、小册子、对内发行的刊物、照片、海报、翻印文件、唱片、日历、菜单、明信片,以及各种印刷品。

课后练习

一、单选题

1. 以赠送小礼品、价格优惠等形式进行的促销,能产生强烈迅速的反应,但效果只是短时期的。这种促销策略被称为(　　)。
   A. 大众推广　　　　　　B. 营业促销
   C. 公共关系促销　　　　D. 人员推销

2. 以无媒介的人际交往为主,直接性、灵活性和人情味的使人际间的沟通进入"情感"层次,它的目的是通过人和人的直接接触,为餐饮企业建立广泛的社会关系网络的公共关系活动模式是(　　)。
   A. 宣传性公共关系　　　B. 交际性公共关系
   C. 征询性公共关系　　　D. 社会性公共关系

3. 以采集信息、舆论调查、民意测验为主,其特点是细水长流、日积月累、持之以恒的餐饮企业公共关系活动模式是(　　)
   A. 宣传性公共关系　　　B. 餐饮企业公共关系
   C. 交际性公共关系　　　D. 征询性公共关系

4. 广告预算中印刷、制版、录音和录像等制作费被归为(　　)。
   A. 广告媒介费　　　　　B. 广告设计制作费
   C. 广告调研费　　　　　D. 广告管理费

5. 互联网为餐饮企业提供了形式多样、功能强大的客户服务手段,其形式包括

客户常见问题解答、列表电子邮件、电子公告板、聊天室、新闻发布等,这些都属于网络营销促销的哪项基本功能(　　　)

  A. 网络分销　　　　　　　B. 市场调查
  C. 网上赞助　　　　　　　D. 客户服务

二、简答题

1. 餐饮企业促销管理由哪些重要内容组成?
2. 建立促销预算有哪些主要方法?
3. 餐饮企业公共关系活动要遵循哪些原则?
4. 如何应用分类评价法进行餐饮企业广告效果测定?
5. 网络营销促销一般分为哪几个阶段?

三、案例分析

  泰国曼谷有一家酒吧,为扩大酒店的知名度,在门口放置了一只巨型木制啤酒桶,桶上写着醒目的:"不许偷看"几个字。由于人们的猎奇心理,凡路过的行人无不止步"犯禁"。当透过木桶缝隙看过之后不禁捧腹大笑,原来桶内精心设计一款广告语:"我店啤酒与众不同,请品尝!"随之一股啤酒桶残留的清醇酒香扑鼻而来。虽然顾客有被捉弄的滑稽感,但还是经不住诱惑而走进酒吧。

  请尝试对案例中餐饮企业的广告进行效果测定,并谈谈测定的依据。

主要参考书目

1. 蔡万坤. 餐饮企业市场营销管理. 北京:北京大学出版社,2009.
2. 陈放. 餐饮营销. 北京:蓝天出版社,2005.
3. 李勇平. 餐饮服务与管理. 大连:东北财经大学出版社,2011.
4. 陆朋. 餐饮营销. 重庆:重庆大学出版社,2008.
5. 汪纯孝. 饭店营销学原理与应用. 广州:广东旅游出版社,1986.
6. [美]菲利普·科特勒. 市场营销学原理(亚洲版). 何志毅,译. 北京:机械工业出版社,2010.

责任编辑:张 娟

图书在版编目(CIP)数据

餐饮市场营销/陈思编著. ——北京:旅游教育出版社,2014.1(2020.7 重印)

酒店餐饮经营管理服务系列教材

ISBN 978-7-5637-2856-5

Ⅰ.①餐… Ⅱ.①陈… Ⅲ.①饮食业—市场营销学 Ⅳ.①F719.3

中国版本图书馆 CIP 数据核字(2013)第 298923 号

酒店餐饮经营管理服务系列教材

餐饮市场营销

陈思 编著

出版单位	旅游教育出版社
地 址	北京市朝阳区定福庄南里1号
邮 编	100024
发行电话	(010)65778403 65728372 65767462(传真)
E-mail	tepfx@163.com
印刷单位	北京玺诚印务有限公司
经销单位	新华书店
开 本	787 毫米×960 毫米 1/16
印 张	11.25
字 数	174 千字
版 次	2014 年 1 月第 1 版
印 次	2020 年 7 月第 6 次印刷
定 价	27.00 元

(图书如有装订差错请与发行部联系)